道ひらく、海わたる

大谷翔平の素顔

佐々木亨

扶桑社

はじめに

大谷翔平との出会いは八年前のことだ。

あどけなさが残る顔や、妙にユニフォームがフワフワしている細身な体。花巻東高校《はなまきひがしこうこう》に入学したばかりの彼の姿を、僕は今でもはっきりと覚えている。

大谷を追いかける「旅」では、何度となく驚かされてきた。190センチ近い身長の15歳が、春の地区予選で四番打者として公式戦デビューを果たしたとき。その年の秋から翌年の二年春にかけてエースナンバーを背負ってマウンドで躍動する姿を見たときもそうだ。彼が放つ光は、いつだって眩《まぶ》しかった。その眩《まばゆ》い原石は、高校三年夏の岩手大会でさらに大きな能力を見せた。高校生としてはもちろんだが、日本のアマチュア野球界では最速となる160キロを球史に刻んだのだ。目の前に広がるそれらの「キセキ」に、僕はいつも胸を躍らされた。

北海道日本ハムファイターズに入団してからも彼の器の大きさを感じる場面に幾度となく遭遇したものだが、僕のその心の揺れとは対照的に、「大谷翔平」という軸は決してブレない。大谷はいつも現在地を把握し、未来の自分をイメージして期待する。そして、そのための努力を惜しまない。もしかしたら、大谷に「努力」という言葉は適さないのかもしれない。本人にしてみれば、当たり前のことを当たり前にやっているだけ。そういう感覚なのかもしれない。プロ入り前の大谷は、こんな言葉を残している。

「自分がどこまでできるのか、人間としても、どこまで成長できるのか楽しみです。二刀流を叶えたとき、そこには大きな価値があると思う。自分が成功すれば、同じように二刀流に挑戦する選手が続くと思いますし、いろんな可能性が広がるはずです。今はとにかく頑張って、新たな道を作れるような選手になりたいと思っています」

誰も歩んだことのない道を切りひらこうとする18歳の言葉だった。

23歳になった彼は、海をわたった。野球人としての「てっぺん」を目指して、メジャーリーグでも「二刀流」に挑む。これまでも、そしてこれからも、大谷の歩みは特別な時間になるだろうし、その瞬間を味わうことができることは、僕にとっても幸せなことだ。

本書は、野球人としての大谷を描く一方で、彼が持つ内面の奥深さと強さ、そして「大谷翔平」という人間の源流と本質を深く掘り下げた一冊にしたいという思いから動き出した。岩手という地で育まれ、北の大地で磨かれていった「人間性」「思考」「感性」、そこにあった彼の「生き方」や「人物像」を描いた。身体能力はもちろん、その礎《いしずえ》となっている人間としての魅力と価値に迫ることで、野球ファン、スポーツをする子供たち、スポーツ現場の指導者、あるいは教育や人材育成の場、さらに子育て世代や、スポーツを通じた

「心の教育」を望む人たちにとって、何かしらのヒントとなる一冊になってくれれば幸いだと思っている。

大谷は、彼が歩んできたそれぞれの時代で「本当にいいタイミングで、いい指導者、いい方々に出会ってきた」と言う。彼が出会い、大きな影響を与えた人たちの証言を中心にまとめた一冊。この場を借りて、取材に協力していただいたすべての人に感謝の思いを伝えたい。

そして、本書のために、渡米前に多くの時間をとってくれた大谷に、心からの感謝とエールを贈りたい。

二〇一八年　春

佐々木　亨

目次

第一章 決断

第二章 源流

第三章

黄金の国、いわて

第四章
北の大地

第五章 二刀流の真実

第六章

終わらない挑戦

第一章
決断

カリフォルニアでの入団会見

髪の分け目を少しだけ変えた精悍《せいかん》な顔立ちで、上着を左腕にかけた大谷翔平がレッドカーペットを歩く。193センチの身をわずかにかがめ、白いシャツに濃い目の赤いネクタイ姿の彼は、アメリカ西海岸に広がる空のような爽快な表情を浮かべていた。

空は青く、空気は澄んでいる。薄っすらと伸びる白雲の隙間《すきま》からはカリフォルニアの日差しが照りつける。気温は三十度を超えていた。

それらすべてが、海をわたってきた若者を祝福しているかのようだった。

「緊張はしましたよ」

本拠地となるロサンゼルス・エンゼルス・オブ・アナハイムのスタジアムで開かれた入団会見を思い出し、大谷は茶目っ気のある笑い顔を見せるのだ。

エンゼルスカラーの真っ赤なユニフォームに初めて袖を通したときはこう思ったという。

「最初は『赤はないいな』というか、野球人生のなかで赤色のユニフォームを着たことがなかったので。でも、それもまたよかったですよね。中学は水色、花巻東は紫、ファイターズは青でしたし。『赤もいいなあ』って思いましたよ」

二〇一七年十二月九日（日本時間十日）。

大谷はアメリカのメジャー球団であるアナハイム・エンゼルスへの入団を決断した。奇《く》しくもその日は、六年前の二〇一二年に18歳の大谷が北海道日本ハムファイターズの入団決断会見を行った日。図らずも流れのなかでエンゼルスの入団会見を迎えたとはいえ、その事実に運命的なものを感じるのだ。

《ハイ、マイネームイズ、ショウヘイ・オオタニ》

会見は、勢いそのままに英語のスピーチが続くのではないかと思わせる流暢《りゅうちょう》な自己紹介で幕を開けた。大谷はクスッと笑う。

「CAAの人も（英語で）行けたんじゃないかと言っていましたけど。でも、いや……」

クリエイティブ・アーティスツ・エージェンシーの略称である「CAA」とは、大谷の代理人となったネズ・バレロが所属し、アメリカ西海岸のロサンゼルスに本部を置く世界最大のスポーツ・エージェント企業である。その関係者も思わず期待するほどの挨拶《あいさつ》から始まった会見は、球団会長のデニス・クール、球団オーナーのアート・モレノ、球団社長のジョン・カーピーノ、監督のマイク・ソーシア、GMのビリー・エップラー、代理人のネズ・バレロ、そして通訳を務めたマネージャーのマット日高が同席して進んだ。通訳を介した記者会見では、質疑応答において時間的なズレ、いわゆるタイムラグがどうしても生じてしまうものだ。

「通訳を通して話をするので、僕がしゃべったあとにどうしても時間が空いてしまって。

その微妙な時間がちょっと嫌でしたけどね」

時折、会見場で見せた苦笑いは、そんな不慣れな感覚の表れだったかもしれない。

しかし、大谷はありのままの思いを自分の言葉で語った。冒頭の挨拶では、エンゼルスの球団関係者、CAAのスタッフ、日本でともにプレイしたチームメイト、さらに「僕に今まで野球を教えてくださった」指導者、「いつも僕を応援してくださった」日本のファン、そして日本にいる「僕の家族」、それまでの歩みと、「決断」までの道のりで、支え続けてくれたすべての人々へ感謝の言葉を伝えた。

入団交渉から「決断」までのアメリカ滞在期間は約二週間だった。長いようで短いその期間で、大谷はエンゼルスへの入団を決めたのである。メディアは「スピード決着」と報じた。しかし、入団会見で感謝の言葉をいくつも並べた通り、決断までの道は楽なものではなかった。

エンゼルス決定までの二週間

日本時間の二〇一七年十一月二十九日。

大谷の姿は東京国際空港（羽田空港）にあった。ポスティング申請が行われる十二月一日（日本時間二日）から本格的に始まるメジャー球団との入団交渉に合わせて渡米した。

東京都大田区にある羽田空港から約十時間のフライトを経て到着したロサンゼルス国際空港には、メディアを含めた人々が待ち構えていた。

「すでに僕がアメリカに来ることが広まっていて、結構な人が集まっていましたね」

少しだけラフなネイビージャケットを着た大谷は、空港に用意されていた車に乗り込むと、そのまま宿泊するホテルへ直行した。

「ホテルに荷物を置きにいって、関係者の方から『どうする?』と訊《き》かれたんですけど、僕は『すぐに始めましょう』と言いました」

代理人のネズ・バレロを中心としたCAAスタッフとの入団交渉に向けたミーティングは、渡米直後から始まった。本来は、ポスティング申請を行った選手とメジャー球団との交渉期間は三十日間と定められている。しかし、大谷の交渉はメジャーリーグ選手会の強い要望によって二十一日間に短縮された。その背景には、十二月上旬に選手の代理人やメジャー各球団の関係者が集まり、大物FA選手と契約をまとめるウィンターミーティングが関係していた。交渉期間の短縮は、全米でも注目度が高い大谷の交渉が長期化して、他選手の移籍交渉に影響が出ることを懸念したメジャーリーグ選手会が求めた特別措置。そのため、メジャーリーグの各球団が大谷サイドに事前書類を送ってプレゼンテーションを行うことが許可された。それは、直接的な事前交渉はできなかったが、各球団がチーム方針、環境、施設などについて大谷へ間接的にアピールできるというものだった。

とはいえ、時間がない。交渉期限は決まっている。大谷は少しでも時間を有効に使いたかった。

「特に自分のなかで二週間と決めていたわけではなかったんですが、交渉の期限は決まっていたわけですし、できる限り時間を詰めて一日一日を過ごしました。スケジュール通りにちょっとずつ、ちょっとずつやってもよかったんですけど、何があるかわからないじゃないですか。だから、なるべく詰めて。期間をフルに使ったからといって、良い決断ができるとも思っていなかったですし、時間をかければいいものだとも思っていませんでしたから」

アメリカでの滞在中は、ホテルの部屋で時間を過ごすことが多かった。ホテルからCAAの事務所まではさほど離れていない。それでもミーティングのときは用意された車を使って事務所へ向かった。

朝食はホテルのルームサービスで済ませた。

「普通に朝食を摂《と》って、ミーティングをして。お昼は会社（CAA）で食べて。その繰返しでした」

ミーティングを続けるなかでも体を休めることはなかった。

「午前中は徒歩で近くの普通の公園へ移動して、走ったり、キャッチボールをしたり。あとは、ホテルにトレーニングジムがついていたので、そこでトレーニングをしていました」

下半身メインのトレーニング日は、宿泊するホテルのトレーニングジムにパワーラック（フリーウエイトトレーニングで使用する器具の一つで、バーベルを設置する台）がなかったために「近くのトレーニングジムへ行っていました」と大谷は言う。公園やトレーニングジムへ出かけても、周囲の人たちの反応は少なかった。大谷にとって、その環境が新鮮だった。

「何となくフリーな感じというか、解放されている感じがありましたね。あまり煩《わずら》わしさがないというか。向こう（アメリカ）ではそんなに名前が知られていたわけではないし、顔を見てわかるわけでもなくて。実際にあの期間、歩いていて名前を呼ばれたのは一回だけ。韓国の方が『大谷さん！』って。『ありがとうございます』って返しましたけど」

滞在中にあったアメリカの柔らかな思い出話に、大谷はそっと笑みを含ませる。

「金銭面」に左右されることなく

ＣＡＡでのミーティングでは、直接行われる面談を前に代理人のもとへ届いていた各球団のプレゼン資料を読み込んだ。

「やることは決まっていて、各球団のプレゼン資料を片っ端から見ました。スクリーンに映し出したパワーポイントで作られた資料を、代理人のネズ・バレロが説明していく流れでした」

いわゆる「一次審査」のために事前資料を送ったのは25球団、あるいは27球団とも言われた。いずれにせよ、アメリカンリーグとナショナルリーグを合わせて30球団があるメジャー球団のほとんどが大谷獲得に向けて動いたことになる。大谷は、獲得の意思を伝えてきた球団の資料すべてに目を通した。そのなかから、直接面談を行なう球団を絞った。

そのときの心境を大谷はこう語るのだ。

「その過程は大事だと思っていました。お話を持ってきてくれた球団の資料は全部見て、もらったものは全部確認しました。何の先入観もなく、オープンな気持ちで。全球団に『行く』と仮定して、そうしたときにどうなるんだと考えた上で決めていった感じです」

各球団への配慮もありながら、直接面談を行なう球団を絞り込んだ。サンフランシスコ・ジャイアンツ、シアトル・マリナーズ、ロサンゼルス・ドジャース、テキサス・レンジャーズ、サンディエゴ・パドレス、シカゴ・カブス、そしてエンゼルスの7球団が次のステージへ進んだ。大谷が言葉を加える。

「お話を聞く球団を7球団にしましたけど、そこがまず難しかったですね。プレゼンの資料で、すべてが伝わるわけではないし、そこから絞れるかとなれば簡単には絞れない。資料だけで、果たして計れるものがあるのか、ないのか。伝言ゲームじゃないですけど、通訳を通しての会話で、僕の真意ではないところで変に伝わるのも嫌でしたし。本当に難しかった。7球団に絞るところが一番、難しかったですね。

ただ、物理的に全球団に（直接会って）話を聞くのは無理なので。いろいろな球団はありましたが、結局は一つに行くわけですし、無暗《むやみ》やたらと交渉期間を延ばしても他球団に悪いですし。決めるんだったら決めるで、スパッと決めないといけないとは思っていました。特にこの球団が良くて、この球団が悪くてというのはありませんでした。全球団ともに一生懸命に資料を作ってくれていましたし、本当に嬉《うれ》しかった。そのなかで、ア・リーグやナ・リーグなど（選定要素は）いろいろなものはありましたが、そこは僕にとって重要ではなくて、実際にプレイする上で自分がよりイメージできた球団をまずは絞りました。結局は、行く可能性が高くなる7球団を選んだという感じでした」

一部のメディアを通じて聞こえてきたのは、直接の面談までこぎつけることができなかった球団の苦し紛《まぎ》れのコメントばかりだった。「大谷は、大きなマーケットよりも小さなマーケットを望んでいる」。そんな恨み節のような言葉だけが世間を賑《にぎ》わせ、チームの選定過程に対する憶測だけが独り歩きした。規約で契約金総額が定められているなか、最大限の〝誠意〟とばかりに潤沢な資金で大谷獲得を狙う球団があったのは事実だ。

しかし、大谷にとってそれは決断に向けて重要ではなかった。

「今回は、そこ（金銭面）に左右されることなく決めることができたことがよかった」

二〇一六年に締結されたメジャーの新労使協定では、ドラフト対象外で25歳未満の海外選手については各球団に厳しい契約金の上限が設定されている。多くの球団の上限は475万ドル（約5億4000万円）とされ、すべての国際FA選手の契約金総額をその金額に収めなければならないのが基本ルール。他球団から国際契約プール金を選手のトレードによって獲得することは可能だが、契約金には一定の上限が設けられている。また、たとえ実績があってもマイナー契約となる。シーズン中にメジャー昇格を果たしたとしても、一年目の年俸は最低保証額の54万5000ドル（約6000万円）。23歳の大谷には、それらの「制限」が適用された。

代理人が介入するメジャーの契約においては、最終的には選手本人が決定権を持つのだが、選手の意向に寄り添いながらも大型契約を結ぶことをビジネスとする代理人の交渉術がウエイトを占める場合がある。そこには交渉相手との関係性や、ビジネスにおける皮算用、つまりは金銭の損得を勘定する打算的なものによって交渉が行われることもある。もちろん、それがプレイヤーの意向でもあり、モチベーションになるケースは多い。選手のライフスタイルを守るための代理人としての最大の役目となることもある。

アメリカは契約社会の国だ。内容の一つ一つに詳細な条件を加え、交わされた契約をもとに物事は進められていく。契約がすべてと言っても過言ではない。それがアメリカという国であり、メジャーの世界である。大金が動く大型契約を勝ち取ることが、プレイヤーにとって、そして代理人にとってもステイタスとなるケースが一般的だ。

ただ、海をわたろうとしていた日本の23歳にとって金銭面は関係のないことだった。

大谷ははっきりとこう言うのだ。

「結局は僕自身で決めるんですけど、代理人とも一緒に決めていかなければいけませんよね。もしもフリーの契約だったら……。でも、たとえ（契約金の）上限に変動があったとしても、代理人のネズはお金に左右されることなく一生懸命にやってくれたと思います。今回、ミーティングをやっていてそれは思いましたし、本当に良い代理人にお世話になったと思います」

ネズ・バレロは、これまで多くの有名選手を担当して大型契約も勝ち取ったことがある代理人。全米でも敏腕として名が知られる人物だ。そんな彼も大谷の意思を誠実に受け止め、ミーティングや交渉の一つ一つを丁寧に遂行してくれた。その姿勢を見て、大谷は代理人への信頼を厚くしていった。

築かれていった信頼関係があったからこそ、ときにはロサンゼルスでのミーティングがヒートアップすることもあった。

「結構、激論でしたよ。僕とネズ・バレロとマットさんで。ああでもない、こうでもないって。それぞれが意見をぶつけ合ってヒートアップしたこともありました。ネズはこれまで向こう（メジャー）の人との関係も築いてきて、良いところも悪いところも知っている。

僕の意見も尊重しながら、言うべきところと言うべきではないところを選択しながら話している感じはありました。でも、最終的にネズが言ったのは『どこへ行ってもいい方向にいくから』ということでした。それは間違いないという感じで言ってくれました。僕も『そうだよな』と思いましたし、みんなが同じ気持ちで一生懸命に考えてやった感じでした」

十二月四日から二日間にわたって行われた7球団との面談の結果、最後はエンゼルスへの入団を決断するわけだが、その決め手となったものは何だったのか。

「最終的な決め手……何でしょうね……」

改めて思い返しながら、大谷は本音を語り始めた。

「そこはフィーリングなんですよね、本当に。自分がお世話になる球団として、しっくりくるというか。自分がユニフォームを着て、グラウンドに立って、野球をやって、ダグアウトに帰って、生活をしている。それらをイメージしたときに、なんか『いいな』と思うのがあったんじゃないですかね。決してエンゼルスだけがよかったわけではなくて、本当に20数球団ともにすばらしいお話を持ってきてくれて、各球団ともにすばらしいGMがいて、すばらしい組織で、すばらしい資料を用意していただき、すばらしいプレゼンをしてもらいました。ただ最終的には一つに絞らなければいけないというのは決まっていて。

ある程度、アナハイムに決めようかというところまでいったとき、これからお世話になるかもしれない方々なので、もう一回話を聞いてみたいと思いました。僕がいたところからはアナハイムは近かったですし、わざわざチームに足を運んでいただくのは申し訳なかったので、僕たちのほうから向こうへ行きました。実際に球場も見たいと思ったし、挨拶《あいさつ》もしたいと思ったので。話をして、施設を見て。そこで改めて『いいなあ』って。最後はアナハイムに決めました」

十二月九日の入団会見を終えた大谷は、決断にいたるまでの濃密な時間をともに過ごしたスタッフや球団関係者とエンゼルスのスタジアム内で食事をした。

「代理人のネズをはじめ、僕のために寝ずに頑張ってくれたスタッフの方々には本当に感謝しています」

そして、約二週間のアメリカでの滞在を終え、再び十時間のフライトで日本へ戻った大谷は、帰国したその日から千葉県鎌《かま》ヶ《が》谷《や》市でのトレーニングを始めた。

大谷翔平の価値観

岩手県の花巻《はなまき》東高校時代に一度は公言していた「メジャー挑戦」への思いを、大谷が再び口にしたのは二〇一六年のことである。リーグ優勝から一気に日本一に駆け上がったそのシーズンオフ、来季の契約更改の場でその意思を球団へ伝えた。そこから約八カ月の期間、大谷は北海道日本ハムファイターズの栗山英樹監督と何度も面談をしている。

定期的に行なわれた面談は、吉村浩ゼネラルマネージャー（GM）を加えた三者で話すことが多かったそうだが、栗山監督にしてみればメジャー挑戦に向けた大谷の意思、その度合いを確認したかったのである。栗山監督が面談を思い出す。

「翔平は本当に、お金の話を一回もしたことがなかった。彼にとっての価値観はそういうところにはないんですよね。アイツ（翔平）、やっぱり誰もやったことのないことをやりたいんだと思うんです。結果じゃなくて、それをまずやってみる。翔平は、チャレンジしてみることが嬉《うれ》しくてしょうがないという価値観を持っているんです。だからこそ、（日本ハムでの五年間で）これだけ結果が残ったし、みんなが応援するんだと思います。

僕は翔平に六回確認しました。その最後に『なんで今、アメリカへ行かなければいけないのかを俺に説明してくれ』と僕は訊きました。そのとき翔平は、はじめに二刀流を提案されたときもすごく面白そうだと思ったし、まだまだ伸びしろがあって、まだうまくいっていないこともいっぱいある。だから『行く』ということが大事なんですと言ったんです。成功するとか失敗するとか、僕には関係ないんです。それをやってみることのほうが大事なんです。そう言い切ったので、僕は『ああ、それが大谷翔平だな』と思えたし、その瞬間に僕のなかにあった疑問というか、わだかまりというか、『本当に行っていいのかな？』という思いが消えました。やっぱり（アメリカへ）行かせなきゃいけないんだと感じましたし、本当にメジャーへ行くことを求めているのであれば行くべきだと思いました」

六度目の面談で、「行きます」と言い切った大谷の意思を栗山監督は受け止める覚悟ができた。二〇一七年、それは残暑が色濃く残る八月の終わり頃の出来事だった。

純粋な「野球少年」のまま

プロ野球という世界に身を置く道半ば、大谷はメジャーへの思いを心の奥にしまい込んでいた。多くを語ることはなかったし、語る必要もないと思っていた。「その瞬間」が再び自分を求めてくるまで、思いへの熱は絶やさずとも、ただ静かに待ち続けた。

思えば六年前。大谷は、表情にこそ冷静さを保っていたが、昂《たかぶ》る思いを「メジャー挑戦」という言葉で表した。そこには、汚れのない真っ直ぐな、何物にも左右されない「18歳の決断」がたしかにあった。

高校時代の決断と22歳のそれには、何か大きな違いはあったのだろうか。

花巻東高校の監督である佐々木洋の目には教え子の姿はこう映っている。

「高校時代にメジャーへ行きたいと思った気持ちと、今このタイミングで行きたいと思った気持ちは、大谷の置かれた立場も違いますし、ちょっと違うと思います。ただ彼の本質として、『大谷翔平の生き方』というのはまったくブレていない。五年以上が経っても、何らブレていないと思います。エンゼルスへの入団を決めたときも、たとえば一般的には選手の評価の一つとなる金銭面で選ぶことはなく、彼自身の『生き方』でチームを選んだと思います」

佐々木監督は、右足首の怪我《けが》によって苦しんだ大谷の二〇一七年シーズンの状況を考えれば、23歳でのメジャー挑戦を素直に受け入れられない時期もあった。「早くアメリカへ行ってほしい」。そう思う一方で、ピッチャーとしてもなかなか結果を出せなかった現実を考え、あと一年、ないしは二年は日本でプレイしたのちにメジャーへ挑戦してもいいのではないか。二〇一七年のシーズン中も大谷と電話で話す機会があった佐々木監督は、自身の素直な思いを大谷に伝えたこともあったという。

「ちょっとだけ話したことがあったんですよね。夢も大事だし、チャレンジも大事だけど、現実として一人の人間、大人としての生活もあるという話を。怪我があった。そのなかでボールの素材が変わり、日本と比べてマウンドが固いアメリカでは体への負担が大きくなって肩肘《かたひじ》を壊すリスクもある。ピッチャーとして二〇一七年は特に成果が出なかったし、オフには右足首の手術もある。また、アメリカへ行ってから野球以外で怪我をする可能性もある。野球ができなくなることもあるかもしれない。あらゆるリスクを考えたとき、もうちょっとじっくりやってからアメリカへ行っても遅くはないんじゃないかということを大谷に言ったことがありました。私は、人生も考えて最終的な判断をしたほうがいいのではないかと思っていました。でも、本人はとにかく『行きたい』と言う。あとになって、大谷に心配事ばかりを言ってしまったと私自身が恥ずかしくなりましたけど」

照れくさそうに笑ってそう話すが、佐々木監督の行動はまさに親心のようなものだった。長い人生においては何が起こるかわからない。アメリカで怪我をして選手生命が絶たれる可能性がないとは言い切れない。交通事故に合わない保証もない。そんなリスクばかりが頭を過《よぎ》ってしまった。子を持つ親なら、だれもが我《わ》が子の行く末を案じるのは当然だ。佐々木監督も、当時の会話はそんな心境だったと話す。

しかし、大谷の思いは強かった。意志に導かれて決断したものは揺るがなかった。そんな教え子を佐々木監督はこう表現するのだ。

「僕には、『野球少年』にしか見えないですから、大谷は」

何の曇りもない真っ直ぐな思い。今、行ってみたい。今、自分を試してみたい。その思いに突き動かされて前へ進もうとする大谷が、教え子ながらに眩《まぶ》しく見えた。佐々木監督は言う。

「自信があるとかないとか、活躍できるとかできないとか、大谷本人は考えていないんでしょうね。ただ、行って挑戦してみたい。高い所へ自らの身を置きたい。いつもそう考えているんだと思います。とにかく、彼はアメリカへ行ってお金を稼《かせ》ぎたいから行くのではなく、自信があるから行くのではなく、純粋な野球少年のまま。『挑戦したい』からアメリカへ行く。その一点だけだと思います。高校のときも、野球少年が純粋にアメリカへ行って挑戦したいと言った。それは今でも変わらない。メジャーへ行ってピッチャーとしてすぐに抑えられないかもしれない、結果を出すことができないかもしれない。本人もそう思っているかもしれない。それでも『行く』と決めた。そして、大谷本人の生き方が貫ける球団を彼は選んだのだと思います」

栗山監督と同じ感覚を、佐々木監督もまた抱《いだ》くのだ。

「見えているものは確実に増えている」

二〇一七年十一月十一日。

北海道日本ハムファイターズの大谷翔平は、東京都内にある日本記者クラブで会見を開いた。ポスティングシステムによってメジャーへ挑戦する意向を正式に発表したのだ。

紫色のネクタイに薄いグレーのスーツ姿で現れた表明会見ではこう言った。

《プレイしているなかで、一番の選手になりたい。野球は何をもって一番かというのは計りにくいですけど、ファンの方やいろんな人たちから『彼が一番だ』と言ってもらうことは幸せなことだと思います。そういう選手を目指して頑張っていきたいです》

そして、こんな言葉も口にした。

《二刀流は自分だけのものではない》

その言葉に込めた思いを大谷はこう語るのだ。

「(日本ハムで)五年間やってきましたけど、栗山監督をはじめ、お世話になったコーチの方、こういう(二刀流の)体制を作ってくださったスタッフの方々やファンの方々、いろんな方がいて今があると思っています。二刀流というものを崩すことにもそれなりの勇気がいると思いますし、自分としてはそれを続けていきたいので『頑張りたいな』と思って。応援してくださる方の期待を裏切りたくない。そういう思いもあって」

六年前に思い描いていたメジャーと、今23歳になって思い描くメジャー。彼にとってのメジャーの風景は変わったのだろうか? そう尋ねると、彼はこう言った。

「もちろん変わらない部分もありますけど、変わっている部分もあるんじゃないですかね。高校からそのままアメリカへ行っていたらというのは、その道を辿《たど》っていないので比べるものではないと思っています。ただ、あのとき(高校時代)より見えているものは、確実に増えているとは思います」

プロ野球の五年間で積み重ねてきた実績はある。野球における技術、そして肉体的にも高校時代に比べれば成長した。年齢と比例するかのように見識や視野も広がった。一般的には想像し得なかった二刀流という道を自らの手で切り開いてきた。それらの現実を考えれば、メジャーの世界でプレイする自分の姿をより鮮明にイメージできるのは当然のことだ。

「見えているものは確実に増えている」

それは大谷の飾り気のない素直な感覚である。

また、表明会見では「不完全な状態のなかでメジャーに挑戦したい」という趣旨の言葉も残した。自分には足りないものがまだまだある。未熟さのなかで感じ得る感性を味わい、そこで磨かれる技術を身につけたい。その時間を経て登り詰める野球人としての頂《いただき》を見てみたい。そんな思いがあるのかと大谷に訊《き》くと、彼はこう言うのだ。

「あえてそうしたいというわけではなくて、ただ今、アメリカへ行ってみたいという好奇心みたいなものしかなかったですね」

不完全だからこそ今行く

たとえば、二〇一九年に大谷は25歳を迎える。もしも、その年にメジャー挑戦となれば、契約面での状況は大きく変わる可能性がある。少なくとも現時点でのメジャーの労使協定にある「25歳未満」の契約条件は大谷に適用されることはなく、大型契約でのメジャー挑戦も十分にあり得るのだ。

それでも、今このタイミングでの挑戦を決めた。野球少年のような「好奇心」に導かれるように海をわたる決断をした。大谷は言う。

「仮にこのタイミングで行かなかったとして、その先にアメリカへ行くかどうかはわからないことですし、今とこれから先のことを比べること自体がわからないこと。僕のなかでは、『今、行きたい』という気持ちがあったので、その思いを行動に移したというだけなんです。また、契約自体がマイナー契約なだけで、プレイできることに変わりはありません。僕にとって肝心なのはそこだけ。頑張れば、数年後は（年俸も）上がりますし、そこは自分次第。日本ハムに入団して1500万円から始まった一年目から、今の金額（推定年俸2億7000万円）になった五年間と、僕のなかでは感覚的にあまり変わらない。アメリカでは年俸は下がりますし、大変なことも増えると思いますけど、『やりたいこと』には変えられないと思っています。

もしも二年待てば一生安泰ぐらいの金額をもらえる可能性はあるかもしれません。親のこととかを考えれば……。もちろんお金はあったに越したことはないですし、いらないなんて気持ちはないですけど、ただ今の自分に、その金額が見合うかと言えば、僕はあまりピンとこないので、それよりも今やりたいことを優先したい。たまたま優先したいものがあったということなんです」

二〇一六年の日本シリーズで走塁時に痛めた右足首の怪我は、その後の侍ジャパンの強化試合で悪化し、二〇一七年に開催されたワールド・ベースボール・クラシック（WB

C）の代表辞退を余儀なくされた。怪我は結果的にチームのペナントレースにまで影響した。それでも大谷の「優先したい」ものへの思いは変わらなかった。

「怪我をした直後はそんなに（治療に時間が）かからないと思っていましたし、普通にシーズンもいけるだろうと思っていました。でも、結果的に（右足首の怪我の状態が）長引いてしまいました。ただそれでも、そこは関係なかったですね。怪我は、どのタイミングでするかわからないですし、もしかしたら事故的なものもあるかもしれない。それはわからないですし、自分ではどうしようもできない部分もあると思います。だから、自分のやりたいことを優先しました。アメリカへ『行きたいな』という気持ちが出てきたので、『じゃあ、行こう』となった感じですね」

たとえば、日本プロ野球での五年間を経た大谷に、その世界で戦うモチベーションが薄れてしまったということはあっただろうか。比較するものではないかもしれないが、かつて日本ハムに所属していたダルビッシュ有は「野球をやる上でモチベーションを保つのが難しくなってきた」とメジャー挑戦の一つの理由を語ったことがあった。たとえば、ピッチングにおいて自身がイメージする軌道ではない、あるいは意図しないボールでも相手打者を抑えられてしまう。そこに物足りなさを感じたり、満足できないということが、大谷のメジャー挑戦に拍車をかけた事実はあっただろうか。

「それはないですね」

何の迷いもなく大谷はそう語り、言葉を加えた。

「まず、自分がバッティングでもピッチングでも日本でトップだと思っていません。そもそも、トップになったから（メジャーに）行くという発想自体がありません。僕は、日本のトップじゃなくてもアメリカへ『行ってもいい』と思っています。それは球界のためになるとも思っています。そういう考えがなければ、そもそも高校からメジャーへ行きたいとは言わなかった。絶対的な実力を日本で身につけてから行くのが普通かもしれませんし、一般的に考えると『まだ行くべきじゃない』と思うんでしょうけど。もちろん、『トップに上り詰めてから』というのは素敵だと思いますし、格好良いとも思います。でも僕は『今、行きたい』から行く。日本でもまだまだやり残していることがあると思うんですけど、それが向こう（アメリカ）に行ってできないのかと言えばそうではない。向こうでもできることがあるし、日本でやり残していることを向こうで埋めることもできる。今行くことで、今以上のことを身につけたりすることもあると僕は思うんです」

メジャー挑戦の最大にして唯一の理由

周囲の声に惑わされることなく、自分の意志をどこまでも貫く強さ。そして躊躇《ちゅうちょ》することなく行動に移せる強さが大谷にはある。

そこまで彼の思考に刺激を与え、彼の行動に深く影響を与える海の向こうの〝野球〟とは、大谷にとってどういう存在なのか。

「個人的には、見ていて純粋に面白いなと思います。迫力もありますしね。ただそこは100人いたら100人が同じことを思うことではない。日本の野球の緻密さなどのほうに魅了される人もなかにはいると思いますし。どれだけの人がそう思うかはわかりませんが、僕はメジャーを見ていて、あっち（メジャー）でやってみたい。そういう思いが出てきた。ただそれだけですね」

もともとメジャーへの思いはあった。強く抱《いだ》いていた感情ではないが、憧《あこが》れに近いものが少年時代からあった。

「岩手県は、ほとんど巨人戦しか（地上波の）テレビ中継がないんですけど、イチロー（鈴木一朗）さんや松井（秀喜）さん、松坂（大輔＝現・中日）さんもそうですけど、NPBでトップと言われる人たちが海外へ行ってすばらしい成績を残したところを見ていて、憧れみたいなものは生まれました。子供にとって深いところは関係なくて、こういうふうになりたいなという率直な気持ちというか。単純に『そういう人たちみたいになりたいな』という思いが小さい頃はありました」

日本人選手がメジャーでプレイする記事や映像に触れることで、野球少年なら誰もが抱く感情はあった。大谷は「小さい頃に日本のプロ野球の試合を生で見たことがほとんどない」という。実際に白球を追いかけることが好きだった少年は、テレビで野球観戦することが好きではなかった。

何でプロ野球選手になりたいの？

周囲からそう問われても「憧れの選手がいるから」、あるいは「好きなプロ野球の球団があるから」、そんな答えが大谷の口から発せられることはなかった。

「野球が好きだから」

それが大谷の答えだった。そして、いつも彼はまだ見ぬ自分との出会いに胸を躍らせるのだ。

「野球をやっているからには『てっぺん』を目指したいんです。すごいレベルの高いところで野球をやってみたいなと思っていたので、まずはプロ野球選手になりたいと思って、そこに近づいていったら、さらにその上でやってみたいと思う。僕はいろんなことにチャレンジしていきたいんです。それが良いことなのか、悪いことなのか。その時々で出た結果によって『良かった』『悪かった』ということになるのかもしれません。また、たとえ良い取り組みをしていても、結果が悪くなっちゃうときもあると思います。でも、その取り組みをさらに継続していって、（結果が）良い方向に振れていくこともあると思います。

だから、何事もチャレンジはしてみたいなと思うんですよね。常に変化していきたいと思うし、そうあるべきだと思っています」

人は誰しも臆病な一面を持つ。自分自身が変わってしまうことに躊躇《ためら》い、変わった先にある失敗を恐れてしまうことがある。置かれた状況に満足していったり、その時点で周りから大きな評価を得ていればなおさらかもしれない。新たな道に踏み出す勇気が、どうしても持てないことがある。

大谷に、メジャーに挑戦する不安がないと言えば、嘘になるだろう。新たな環境へ進む不安は、彼のなかにはたしかにある。それでも、大谷はこう思うのだ。

「これまで自分のなかで作ってきたもの、形作ってきたものがあって、ある程度はそれを受け入れてもらえる器というかチームがあって、おそらくそれを続けていけば、これからもそんなに大崩れすることはないと思っています。ただ、実際にメジャーでプレイをしていない。大崩れするような可能性を持って（メジャーへ）行くわけなので、それは不安ですよね。チームを選ぶことにも不安がありましたし。まったく違う環境に行くということは、どの分野でも不安なことが多いと思う。でも、さらに良くなる可能性がそこにあったら、僕はチャレンジしてみたい。『やってみたいな』と思うタイプの人間なので」

自分がさらに上のステージへ、技術的にも人間的にも『良くなる可能性』がたとえ1％でもあれば、大谷はその可能性を信じて前へ進むのか。挑んでいくのだろうか。

「可能性のパーセンテージはわからないですけど、『やってみたい』と思ったらやるんじゃないですか」

何度も繰り返しになるが、彼にとってメジャーで『やりたい』と思ったのが今であり、今このタイミングで海をわたりたいと思ったのである。

それが、覚悟を持って決断した大谷の、メジャー挑戦の最大にして唯一の理由なのだ。

「内なる声」に従う

これまで大谷を身近なところで見守り、支えてきた人々は、彼の「決断」をこう見ている。北海道日本ハムファイターズのスカウト部長である大渕隆の言葉である。

「それは、彼の内なる声なんだなと私は理解しています。たとえば、大谷が高校一年生で160キロを出すという目標設定をしたときは、それは一般的には信じられないことだった。でも、その目標を書いてしまう大谷。でも、本人からすれば、何となくそのときに感じるものがあったと思うんですよね。たとえば、周りの大人が『おまえはプロ野球に行けない』と言うにもかかわらず、本人がどうしても『プロへ行きたい』と言う。それは一見、無鉄砲に見えますけど、『行けない』というのは大人たちの過去の経験値からくる物差しに合わせた評価でしかありません。本人の『内なる声』というのは、それでは計り知れないところから出てくるものだと思うんです。スカウトの仕事をしていると、そういう選手の自分の可能性を感じて『できる』からプロへ『行きたい』という言葉に期待することがあるんです。われわれ大人たちの物差しというのは非常に凝り固まったものが多いんですけど、新しい若者たち、子供たちというのは、常にわれわれ大人を超えるための何かを持っているんじゃないかと思うんです。私は常にそういう見方をしています。大谷翔平という人間も、どこかで『自分はできる』と感じているから言う。160キロを出したいんだ。今、メジャーへ行きたいんだと。それらは大人の物差しからするとハマらないんですけど、それを変えてくれるのが若者であり、大谷だという目で見ると、彼の『内なる声』に対しても、私はそれほどビックリしないんです」

大渕は、自分のベストを追い求める、能力を最大限にまで伸ばそうとするアスリートならば、「それは普通の感覚」だとも話す。それゆえ、大谷の決断にもまったく抵抗感を覚えないという。

「僕らスカウトという人間にとって、若い人たちの可能性を引き出す、力を最大限に伸ばすということは基本的な発想だと思っています。もちろん現場で選手を育成する監督やコーチの方も同じことを思っていると理解しています」

また、大谷の両親である父・徹さんは、息子の決断をこう考える。

「正直なところ、こんなに早くアメリカへ行けるとは初めのうちは想像していませんでした。ただ、選手としてのピークというものがあるとするならば、アメリカでその時期を迎えたい。翔平のその気持ちはよくわかりますし、今が『行くときだ』と思ったんでしょうね。このタイミングで、若くして向こうに行けるのはよかったと思います。それを日本ハム球団に容認していただいて、本当にありがたいと思っています」

母の加代子さんは言う。

「伸びしろを持った状態でアメリカへ行って、そのなかでピークを迎えたいという気持ちは前々から翔平から聞いていました。それが今のタイミングなんだろうなと思うことはあります。怪我をして手術をして、決して万全ではない体で慣れない環境へ行くことに関しては、親としてはかなり心配なところはあります。でもやっぱり、本人の強い気持ちを球団の方々からも後押ししていただきましたので、思う存分に頑張ってほしいと思っているんですよ」

そして、母はこうも語るのだ。

「翔平らしい決断だと思います」

日本記者クラブでの表明会見があった二〇一七年十一月十一日。ちょうど会見が始まった午前十一時頃、岩手県内の上空には虹がかかった。僕は大谷の源流を改めて辿ろうと思い、岩手路で車を走らせていた。そのときに見た七色のアーチは、まるで夢の架け橋のようであり、23歳の旅立ちを祝福しているかのようだった。

「歓迎されていたんですかね」

そう言って大谷はいたずらっぽく笑う。そしてふと、生まれ育った故郷へ視線を送った。

第二章
源流

大谷家のリビング

どことなく温かみを感じるような、どこからともなく木漏《こも》れ日がさしこんでいるような、そんな優しさに包まれた空気がいつも流れている。その場所を訪れるたびに僕は、心の隙《すき》間《ま》に穏やかな風が吹きこんでくるのを感じる。

「今でもそうですが、居心地はよかったですよ」

大谷翔平もまた、岩手県奥州《おうしゅう》市の水沢《みずさわ》区にある実家を思い浮かべてそう語るのだ。

東北新幹線の「やまびこ」に乗車して、東京から北へ約二時間半走ると、岩手県の最南端にある一関《いちのせき》市に到着する。いつも感じることだが、宮城県との県境を過ぎると新幹線の車内の風が少しだけ変わる。季節が冬ともなれば、背中に感じる体温が微妙に変化し、何となくひんやりとした空気が車内に流れるのだ。車窓の外では、徐々に色濃い雪景色が広がってきて「岩手に入ったな……」と思う。体感温度と目に飛び込んでくる風景で、そう実感するのである。県南の町にある一ノ関駅。そこで東北本線の下り列車に乗り換え、さらに北へ約三十分揺られると、翔平の実家に近い水沢駅に着く。

二階建ての自宅一階部分にあるリビングには、翔平がその場所で過ごした少年時代と何ら変わらない風が今も流れているようだ。

テレビを囲むように置かれた二つのソファ。色合いの深い茶系のダイニングテーブル。

「本当はそろそろ買い替えないといけないんだけどね」

母の加代子さんは、いつもの明るい口調で、ちょっと冗談めかしてそう語るが、何十年も使い続けているそれら一つ一つの家具を見ていると、不思議と胸の奥に温もりが広がるのだ。同時に、翔平の少年時代が薄っすらと目の前を通り過ぎて行く。

五人家族の大谷家は、家族そろって食卓を囲むのが当たり前だった。学校から帰ってきた子供たちは、一階のリビングに置かれた一家に一台のテレビを眺めたり、勉強するときでも自然と自宅の中央に集まったものだという。長男・龍太さん、長女・結香さん、そして次男坊で末っ子の翔平も同じように、子供たちはそんな実家が好きだった。翔平は言う。

「兄と共同の部屋が二階にあったんですけど、僕はその部屋をほぼ使っていなかったですね。部屋に閉じこもって一人で何かをしているということはなかったです。普通に家族みんなでリビングにあるテレビを見たり。だから、実家にいたときはリビングにずっといた感じです。他の家を知らないですけど、本当に普通の家だと思って過ごしていました」

加代子さんも、リビングを見渡しながら息子の少年時代を懐かしむ。

「我《わ》が家は玄関からリビングを通らなければ自分の部屋に行けないので、いつも家族が見えるところにいました。みんな、ここでご飯を食べて、ここで勉強して、ソファに移動してテレビを見て、そして寝る感じでした。子供部屋は一応あったんですけど、ほとんど使っていなかったですね。翔平もそう。いつもソファにいて、寝転びながらボールを天井にぶつけないように投げて捕ったり。そんなことをしていましたね」

愛犬エース

二〇一七年の七月に天国へ旅立った愛犬の「エース」がまた、大谷家に温もりをもたらしていた。十一月十一日が誕生日だったエースが、大谷家にやって来たのは翔平が姉帯《あねたい》小学校に入学したばかりのときだった。父の徹さんが思い起こす。

「僕は正直なところ、はじめは犬を飼うのに反対でした。生き物ですからね、いつかは死んでしまう。そういうのもあって実は反対だったんです。でも、子供たちは犬を見ると『かわいい、かわいい』となってしまいましたね。結局は飼うことになったんです」

犬種はゴールデン・レトリーバーである。エースは、犬のブリーダーをやっていた加代子さんの知人から譲ってもらったものだった。知人の家で八頭のゴールデン・レトリーバーが生まれ、何となく「見に来ない？」と誘われたのだという。「子供たちにそのことを言ったら『絶対に欲しい』と言うのはわかっていたんですけどね。みんなで見に行っちゃいました」。加代子さんが微笑みながら言葉をつなげる。

「大型犬ですからね。家の中でも存在が大きくて。外ではなくて家の中で飼っていたので、私たちがテレビを見ていれば、犬もソファに座っているし、常に家族と一緒に過ごしてきた存在。かけがえのない家族の一員でした」

大谷家の〝家族の一人〟だったエースとの思い出は尽きない。愛犬と末っ子にまつわるエピソードも少なくはない。加代子さんは言う。

「犬って格付けをするというか、よく人を見ているって言いますよね。ですから、エースを飼うときに『翔平は一番気をつけてね』と言ったんです。末っ子の翔平を、自分よりも下に見るかもしれないよって。実際に、小さかった翔平が私の腰をマッサージしてくれていると、エースは私を母親だと思っていたのか、まるで『どけ、どけ』と言っているかのように翔平に向かって吠えたりしたことがありましたね。あとは、実際に噛《か》まれたこともあったりして……」

翔平が小学校の中学年あたりだったと加代子さんは記憶している。夢の国である東京ディズニーランドへ家族旅行に出発する前日のことだ。翔平は、遠出する久しぶりの旅行が嬉《うれ》しくてたまらず、昂《たかぶ》る気持ちを抑えきれなかった。

「テンションが高くなり過ぎて、犬にちょっかいを出していたんですよね。そうしたら、エースが怒って、翔平の右腕に噛みついちゃって。すぐに、お兄ちゃんがエースを叱ってくれてケージの中に入れてくれたんですけど、今でも薄っすらと、そのときの傷痕《きずあと》は残っていると思いますよ。だから娘ともよく言うんです。あのときの怪我が大きかったら、今頃は『ピッチャー・翔平』はないよねって」

冗談めかして加代子さんはそう言う。実際に、いまでも右腕にはエースに嚙まれた痕がわずかに残っている。ただそれもまた、翔平にとっては懐かしく、温かい実家の思い出なのである。

「あのときは、僕のソックスを犬が嚙んで持っていったので、それを取り返そうと思っただけなんです。それで、やられました。でも、可愛《かわい》がっていましたよ。そりゃあ、可愛いですよ。何だかんだで十六年ぐらいは生きていたので、エースは」

そんなかつての日常にちょっと触れただけでも、大谷家に溢れる温もりがよく伝わってくる。

大谷の両親

父親の徹さんは、社会人野球までプレイした野球人だった。神奈川県横浜市の金沢区にグラウンドを構える三菱重工横浜（現・三菱日立パワーシステムズ）で、二十五歳まで現役を続けた。

「もう少し現役を続けたいなとは思っていましたし、やるべきだと思ったんですけど、ちょうどチームにとって選手の入れ替え時期で……。年齢的には選手として良い時期と言えば良い時期だったので、一番良い時期に辞めてしまったという思いはあります。でも、試合で使われないということであれば、自分も長男坊ですしね。結局あのときは、『もっとやらせてください』とは言えませんでした」

入社以来、試合には「一年置きに出る感じだった」と振り返る。社会人野球の目玉となる大会は、当時は後楽園球場で行なわれていた都市対抗野球大会である。その各地区の予選は、今も昔も変わることはないのだが本大会に勝るとも劣らない熱気に包まれる。その予選での徹さんは、主に打順は1、2番か9番。要するに、クリーンナップとして打点を稼《かせ》ぐタイプではなく、チャンスメイクを役割とする脚力自慢の選手だった。

「身長は180センチ以上あったんですけど、体に似合わずにセーフティバントをしたり。右投げ左打ちで、売りは足でした」

生まれは岩手県北上《きたかみ》市である。県立校の黒沢尻《くろさわじり》工業高校では、社会人時代とは違ってクリーンナップを張る左の強打者として鳴らした。徹さんが高校生だった頃の七〇年代後半から八〇年代にかけての岩手県は、高校野球では県立全盛の時代である。黒沢尻工業も県内では強豪校の一つに数えられていたものだ。粒ぞろいの選手が多くいる中で、徹さんもまた「上の世界」でプレイできるほどの実力者だった。実際に社会人野球でプレイするほどの選手だ。高校時点でプロ野球からの誘いがあっても不思議ではなかったはずである。

「(プロのスカウトが)見に来たというのはあったかもしれないですけど、具体的な話はなかったですね。自分としても、プロは雲の上の存在。子供の頃からの憧《あこが》れではありましたし、プロでやってみたいという気持ちはあったにせよ、まったくもって手の届かない世界という感じでした」

実は、大学進学の選択肢もあったのだという。徹さんが記憶を辿《たど》る。

「高校三年の夏が終わったときに『野球は辞めよう。これでもういいや』と思いました。高校を卒業して普通に就職しようって。でも、夏が過ぎて秋になり、たしか十一月ぐらいだったと思いますが、『また野球がやりたい』と思ったんです。そこから高校の監督さんに相談しましてね。『遅いよ!』と言われながら、大学のセレクションの話までしていただきました」

結局は社会人野球へ進むことになるわけだが、その進路決定において不思議な巡り合わせがあった。

「当時、高校のOBには関東の社会人チーム、たとえばプリンスホテルや川崎製鉄千葉(現・JFE東日本)でプレイされていた方がいました。その中の一人で、左投手だった方が、私が三年夏の大会前に高校の練習を手伝いに来てくれましてね。その時、『おまえ、俺のところにこい』と言ってくださったんです。だから一時は、その先輩がいた川崎製鉄千葉に行こうと思った時期もあったんです。でも、夏の県大会で負けちゃって、自分の中で『野球は辞めよう』と思ってしまい、結局はお断りを入れたんです。もしもそのまま『行く』と言っていれば、川崎製鉄千葉に入っていたかもしれませんね」

また、当時の岩手県には日本最古の製鉄所である新日本製鉄釜石《かまいし》（現・新日鐵住金釜石製鐵所）に野球部があった。プロ通算284勝を記録して「史上最高のサブマリン」と称された山田久志は、その野球部の出身である。七八年から八四年にかけて日本選手権七連覇を果たし、「北の鉄人」と呼ばれたラグビー部のほうが、多くの人には馴染《なじ》みが深いだろうか。その岩手県の沿岸地区である釜石市にあった野球部にも、徹さんはセレクションを受けに行ったことがあった。

「先輩の関係でセレクションは受けてみたんですけど、私が行った秋頃にはすでに翌年の採用枠が埋《う》まっていて、結局は『採用できません』と言われました。それで神奈川にある三菱重工横浜にも先輩がいましたので、最後に何とか入社することができたというわけです。だから思うんですよね、もしもあのときに新日本製鉄釜石に入ることができて岩手に残っていたら、あるいは川崎製鉄千葉に入っていたら、今の自分はなかっただろうなって」

ともすれば、徹さんの人生は大きく変わっていた。そして、かなりの割合で大谷翔平がこの世に生まれていなかった可能性も高い。

大谷家にとっての人生の岐路だったと言えば、少しだけ大袈裟《おおげさ》な言い方になるかもしれない。ただ、徹さんの三十数年前の選択と歩みがなければ、多くの人間の人生もまた大きく変わっていたと思うのだ。

三菱重工横浜でプレイヤーとしての野球人生を終えた徹さんは、そのまま社業に就いた。現役時代に結婚した加代子さんとの間に長男が誕生し、社宅での生活を過ごした後、加代子さんの実家に近い横浜市内のアパートに引っ越して長女を授かる。四人暮らしが始まったわけだが、今思えば……そう言って徹さんは自らの二十代を思い浮かべる。

「三菱重工横浜のグラウンドは、かつては金沢区ではなくて横浜市内の別の場所にありましてね。私が入社一年目のときは、両翼八十メートルぐらいしかないその狭いグラウンドで練習をしていました。実はその場所は、妻の実家に近いところにありましてね」

それは「本当に偶然なんですよ」と加代子さんは言うが、それも不思議な巡り合わせだったろうか。

「変な縁があったんですね」

加代子さんはそう言って頬《ほお》を緩めるのだ。

一家の大黒柱の気持ちに変化が生まれたのは、関東自動車工業という自動車メーカーに転職して二年半が過ぎた二十九歳のときだった。徹さんは言う。

「いずれは地元の岩手へ戻りたいという思いがありました。三十歳前だったら何とかなる。やったことのない仕事でも何とかできるんじゃないかという思いはありました。神奈川で定年を迎えて、それから田舎へ戻ってもよかったんですが、いずれ戻るなら早いほうがいい。早く岩手に帰って、しっかりとした基盤を作ったほうがいいんじゃないかと思うようになったんです」

大谷家は、二人目の子供である結香さんが生後十か月の夏に、徹さんの地元である岩手県に引っ越した。そして、その転機から約一年後の一九九四年七月五日、三人目の子供である翔平が生まれた。両親の記憶によれば「猛暑日が続いた年」の暑い夏の日、末っ子が大谷家にやってきた。

親にとっては、まだまだ手のかかる三人の子供たち。小学生の兄に二歳の姉、そして生まれたばかりの翔平がいる。子育てに明け暮れ、慌ただしい日々が続いた。加えて、神奈川県で生まれ育った加代子さんにとっては、不慣れな地での生活と子育てだ。引っ越した当初は、苦労がなかったわけではなかった。

「私は神奈川から出たことがなかったので、（岩手へ引っ越したときに）周りのみんなに『よく岩手に来たね』って言われました。いまだに言われますけどね」

加代子さんはいつもの調子で笑いながら振り返り、こう続けるのだ。

「お兄ちゃんが生まれたのが神奈川の社宅に住んでいたときでした。私も三菱に務めていたので周りには同期の友達がいて、午前中は子供をみんなで遊ばせて、家に戻ってお昼ごはんを食べさせる。そして午後は昼寝をさせてからまた近所のみんなとまた遊ばせる。社宅にいるときはずっとそういう生活でした。アパートに引っ越してからも、同じ歳ぐらいの子供を持つ私の姉が近くに住んでいましたし、アパートにも同じような歳のお子さんを持った方もいたので、常に周りには顔見知りがいて、一人で何かをするということはほとんどなかったんです。でも、岩手に来た当初は、近所の公園に行っても誰もいない。どこかで遊ぼうと思って子供たちを自転車に乗せて出かけても、人がほとんどいないんですよね」

　神奈川県という都会に慣れ親しんでいた加代子さんにとっては、田舎の環境が少しだけ物足りなかった。もともとが社交的で、誰からも慕われる性格だ。その資質は今でも変わらないのだが、岩手に引っ越したばかりの加代子さんは、その明るい性格さえも他の人に知ってもらう機会すら数えるほどしかなかった。それがちょっとだけ寂しかった。

「子育てのときって、仲間じゃないですけど、誰かに相談したりしたくなるものですよね。子供たちも子供同士で遊べたほうがいいですし。子供を育てるときは、お母さん同士や子供同士、どこかで人と人とのつながりは欲しいものだと思います。初めのうちは、そういうのがあまりなくて……。でも、近くの公民館に子育て広場みたいな公共施設があって、友達が欲しい人、つながりが欲しい人はそういう場所へ行くんですけど、私も少しずつ通うようになりました。あとは、バドミントンですね。たまたま中学時代からの知人が岩手にいまして、そのお友達と連絡を取り合ってからは、お互いの子供を連れてバドミントンをするようになったんです。翔平が二歳ぐらいのときですね。またバドミントンをはじめて、それからは週に二回の練習日があったんですが、そこで周囲とのつながりも広がっていきましたね」

加代子さんは、徹さんと同じ職場でもあった三菱重工横浜の社会人の実業団チームでプレイしたバドミントン選手だった。神奈川県代表としてインターハイにも出場したほどの腕前だ。一度は結婚を境にラケットを置いたが、再び岩手でバドミントンを始めた。それが子育てにおけるコミュニティの場につながったわけだ。頭で考えて悩むことよりも、まずは行動する。そんな持ち前の行動力で、加代子さんは人とのつながりを築いていき、徐々に岩手の地に馴染んでいった。

寝るのが得意

少しずつ変化していく家庭環境で、末っ子は若葉のように瑞々《みずみず》しく伸びやかに、岩手の大地を踏みしめながら育った。加代子さんが思い出す。

「幼稚園や小学校の低学年ぐらいまでだったと思いますけど、学校から帰ってお友達と外に遊びに行く翔平は、夕方に家に帰ってくると体力を全部使い果たしている感じで、ソファで寝てしまうことがよくありました。私が夕飯の支度《したく》をしていても、まったく起きない。寝始めると本当に起きなくて。結局、お父さんに寝室まで運んでもらって、そのまま朝まで寝てしまうことが週に何回もあった時期がありました」

遊びから帰って夕飯を摂《と》り、そのまま起きていても就寝時間は早かったという。今でも「寝ることは得意」と本人も自覚するのだが、睡眠時間はたっぷりと取る子供だった。母は言う。

「寝る時間は本当に早かったですね。中学生のときでも、野球の練習がない日は夜の九時には寝ていましたから」

中学時代に所属したシニアリーグのチームは、岩手県の最南端に位置する一関市にある。練習へは、自宅から徹さんが運転する車で片道四十分をかけて向かった。その往復の移動時間でも「ずっと寝ていました」と徹さんは言う。「寝る子はよく育つ」とはよく言ったものだが、翔平もその言葉通りに大きく育った。

しかし、多くの睡眠を取っただけで幼子が勝手に成長するものではない。幼少期においては、体の発育のほかにも、感性や感情、あるいは考え方の成長も重要になる。そこでは、家庭環境や親を含めた周囲の大人たちとの関わりが深く影響するものだろう。

大谷家の教育方針、独自の家庭内におけるルールはあったのだろうか。

そんな類《たぐい》の特別なものは、とりわけなかったと徹さんは言う。

「これといった躾《しつけ》みたいなものはありませんでしたよ。ごくごく普通。私たち親が『おはようございます』『お休みなさい』を言う。あるいは、自分が食べたものは自分で片づける。そんなごく当たり前の普通のことを親が率先してやれば、その姿を子供たちは見て自然とやるようになるのかなあとは思っていましたけど、思い当たるのはそれぐらいですね」

礼儀正しく誠実。

純粋さを失わない、真っ直ぐな生き方。

これまでの大谷翔平の行動一つ一つを振り返ってみれば、僕にはそんな印象しか思い浮かばない。一般的な親からすれば、まさに「理想の息子」となるだろうか。逆に「隙が見えない」だけに、物事を斜めから見てしまいがちな人からすれば面白みがないと思ってしまうかもしれない。本心がなかなか見えずに、ミステリアスという言葉を用いる人もいるかもしれない。ただ、その印象すらも透けてしまうほどに、大谷翔平には人間としての底知れぬ魅力がある。そして、純粋で真っすぐな、本来は透き通ったガラスに覆《おお》われているような大きな器に人々は惹《ひ》きつけられてしまうのだと思う。

大谷翔平の原点

いかにして大谷翔平の人間力は生まれ、育《はぐく》まれてきたのか。

彼の少年時代をさらに両親の証言でつないでいくと、その真相に少しずつ近づいていく。

父には、末っ子を「叱った」記憶がほとんどない。どの家庭にもあるように、年齢の近い幼い兄弟というものは、些細《ささい》なことでよく喧嘩《けんか》になるものだ。先に手を出した、出していない。お気に入りのものを壊された、壊していない。子供の感覚や視点からすれば、それらも十分にケンカになり得る大ごとなのだろうが、そんな他愛《たわい》もない、いわゆる兄弟ゲンカは大谷家の場合は「姉弟ゲンカ」だ。二歳違いの姉と翔平は、幼い頃はよくケンカをしたのだと徹さんは言う。

「歳が近かったこともあって、二人はしょっちゅうケンカをしていましたよ。親からすれば、本当に他愛もないものです。そんなケンカで、どっちもダメじゃないかと二人を怒ったことはありましたけど、それぐらいですね。翔平が何か悪いことをして怒ったことはないですね」

両親の記憶によれば「幼稚園か小学校に上がったばかりの頃」に、当時流行したハリーポッターのグッズをめぐって、末っ子は珍しく泣きわめいたことがあった。今でも大谷家に残る映画のキャラクターが表紙に描かれた分厚いノートを見ながら、母はこう語る。

「たしか表紙のところに買った当初から少しだけ剝がれちゃっていた部分があったんですよね。翔平は、それが気になるから自分で色を塗ってみたんですけど、思い通りにいかずにさらにおかしくなって泣いて、怒って。絵本なんかでもそうでしたね。お気に入りの本の端っこが少しでも折れちゃったりすると、気になって、気になって、しょうがないみたいで。『誰が折ったんだ！』みたいな勢いになっちゃうこともありました。翔平が感情をむき出しにして怒るとしたら、自分が大事にしていたもの、持っていたものが傷ついたり、壊れたりするとき。でも、それぐらいでしたね。私たち親がガーッと怒らなければいけなかったことが、考えてみると本当になかったと思います」

父が唯一、末っ子を本気の声で叱ったのはハリーポッターのノートで泣きわめいたときだけだった。「そんな小さなことで怒るんじゃない！」。徹さんが翔平に対して声を荒らげたのは、後にも先にもほかにはなかったという。当の本人は、その〝大谷家の事件〟を「まったく覚えていないんですよね」と笑う。何の躊躇《ためら》いもなく、あっけらかんとそう言うあたりも彼らしい。

翔平自身にも、怒られた記憶がほとんどない。

「お父さんから怒られたのは、グラウンドでの野球のときだけですね。家に帰ってからはほぼなかったと思いますよ」

家族間にある風通しの良さが深く影響したと思うが、翔平にはいわゆる思春期を迎えた中学生の頃によくある「反抗期」はなかったと、加代子さんは言う。

「反抗期という反抗期はなかったような気がします。訳もなく反抗したり、態度が悪かったということは特になかったと思います。それは翔平だけではなく、子供たち三人ともにそうでした。それぞれが自分の部屋に籠《こも》ることもありませんでした。特別に家族みんながものすごく仲がいいというわけではないんですよ。家にはテレビが一台しかなかったので、何となくみんなが同じ場所に集まって一緒にテレビを見る。本音を言えば、子供部屋にテレビを一台ずつ置く余裕もなかったですし、みんなで一緒に同じ時間を過ごしたいと私は思っていたので、テレビは一台にしたところはありましたけどね」

末っ子気質

ただ、たとえ同じ境遇で育ったとしても、それぞれの子供たちが持つ感性や過ごした時代背景、子供同士の関係性によって、人の個性や性格というものは多少なりとも変わってくるものだろう。大谷家の場合、龍太さんには実直で優しさに満ちた、まさに長男という感じで、長女の結香さんには朗《ほが》らかで寛容な印象を受ける。そして、兄と姉を持つ三番目には、やはり末っ子気質がしっかりと染みついているのだ。

ある日、両親が姉の結香さんに買ってあげた自転車を、翔平がこっそりと一人で持ち出したことがあったという。

「娘とは歳が二つ違い。何を買うにも同じようなペースで二人に買ってあげるんですけど、先に姉に買ってあげた自転車を運動神経がよかった翔平がこっそりと乗ってしまったことがありました。そうしたら、どこかで倒してしまったのか買ったばかりの自転車のカゴを壊して帰ってきたことがあったんですね。姉はカッとして怒る性格でもないので『翔平、壊しちゃった』みたいな感じで言うんですけど、壊した本人も悪びれることなく、そのときはしれっとしていましたね」

加代子さんはさらにこう続ける。

「翔平は末っ子ということで、家の中ではわりと甘えん坊だったと思います。学年で七つ上のお兄ちゃんが可愛がってくれて、みんなで大事に見守る感じで。ただ、もともと動き回ることが好きな子だったので外では活発。人前では涙を見せないような強いところもありましたね。あとは、やっぱり下の子なので要領がいいというか、たとえばお姉ちゃんが怒られている姿を見ると、翔平はその怒られたことをやらなかったりするんです。周りを見て何かを感じ取ることが上手だったので、あまり怒られるようなことはしなかったのかなあと思いますね」

ただ、周囲の言動を気にするあまりに「どこかで自分の気持ちを我慢していた部分があったかもしれない」と加代子さんは少しだけ気にするのだ。無邪気で自由奔放な、いわゆる「子供らしさ」を末っ子という立場ゆえに自然と失っていたのではないか、と。

「上の子の姿を見ている翔平は、こんなことをやったり言ったりすれば、親は困るんだな、嫌なんだなというのを何となく感じて、言い方は悪いですけど『いい子ちゃん』になっていた部分があったかもしれません。大人の顔色を見て我慢していたところがあったかもしれない。もっと自由に言ったり、やりたかったことがあったかもしれないのに」

一般的に、末っ子は自由で活発なイメージがある。ただ裏を返せば、慎重さや我慢強さを備えてしまうのも末っ子の特質と言えるかもしれない。自由さに偏《かたよ》り過ぎれば、物事の考え方が大きく偏る場合がある。自由奔放に振る舞えば、それが個性となるのかもしれないが、見方によれば自己中心的で歪《いびつ》な思考や行動に見えてしまうことがある。一方で、我慢だけの思考に陥ってしまっても、その人の感情が見えにくく、どこか閉鎖的な人間にとらえられてしまう場合がある。自分の意思で決断し、自由な発想で行動する力。一方で、周囲の行動を冷静に判断する力や、我慢という要素をプラスに転化したときに生まれる強さを秘めた耐える力。それらすべてを持ち合わせたとき、人はどんな成長曲線を描くのか。末っ子が持つそれぞれの特性をバランスよく兼ね備えている大谷翔平の歩みにこそ、その答えは詰まっているように僕は思うのだ。

加代子さんのこんな言葉からも、翔平のバランス感覚の才を窺《うかが》い知ることができる。

「スイッチが入ったら集中して一気にやるところもあるんですけど、（スイッチが）オフのときは本当にオフ。小、中学校時代の野球でも、試合開始になればもちろん集中してやるんですけど、休憩時間になれば誰よりも楽しそうに遊んでいました。そこは本当に子供らしく。ホースがあれば水かけをしたり、ボールとバットでゴルフをやったり」

それだけに、加代子さんはこう結論付けるのだ。

「大人っぽいところと子供っぽいところがある。それが翔平なんですよね」

それがすべての「原点としてあるのかな」と母は言う。

翔平の本質ともいうべき要素に加えて、「基本的に何事もあまり気にしない性格」が少しずつ顔を覗《のぞ》かせていったのは、幼少期から思春期にかけてのときだ。それは一見、周囲の目を気にして行動する末っ子気質と相反するものだが、自由さにも似た、何事にも動じずに意思を貫いて自分の世界観を持つ、もう一つの末っ子気質である。その性格が徐々に上回っていったのだ。

「無頓着《むとんちゃく》な性格です」

母はそう言い、「プロに入ってからも、最初は服装や髪型にしても気にしている様子がなかったですよね」と言葉を足す。

自分が「これだ」と思うことに対しては一心不乱に気持ちを込める。スイッチのオンとオフをうまく使い分けながら。ただ、感性に触れないものに関しては、どことなく他人事《ひとごと》。無頓着さが表れてしまう。子供の頃からそうだったという。

「中学校の修学旅行へ行ったとき、帰ってきた翔平は家族にお土産を買ってきてくれたんですが、そのお土産代以外は使わずに、残ったお金を私たち親に返してきたんです。普通ならお小遣いとして渡したお金を使い切るとか、その後のお小遣いとして自分で持っておくものだと思うんですが、返金してきたときは、ちょっと驚きましたね。翔平は無駄なことには『お金をかけなくてもいい』と思うところがあるみたいで。お年玉も、そのときに使う予定がなければ『持っていて』と私たちに渡していました。結局そのお金で買うのは野球用品。野球以外には興味がないというのはあったんでしょうけど、翔平にはそういうところがあるんです。服装にしてもそうでしたね。野球を始めてから土日は野球ですし、私服を着る機会がほとんどなかったですから興味が湧《わ》かないのはわかるんですが、それにしても服装に関しては……。高校に入ってからも変わりませんでしたね。お正月休みに実家に帰ってきたときは、『洋服がないね』って、家にあるものから何となく自分が着られそうなものを見つけたり。あるときなんかは、友達と出掛けることになって着るものがないとなり、お兄ちゃんのジーパンと私のポロシャツを手にして『これでいい』と言って出掛けたこともありました」

食が細かった子供時代

いつでも、たとえどんな場面に出くわしても、両親はそんな末っ子を温かく見守り続けた。親にとっての我が子というのは何物にも代え難い、無条件で愛せる尊い存在である。加代子さんもまた、三人の子供たちはそれぞれに「いつになっても可愛いものですよ」と言う。

徹さんは語る。

「家内は、子供らに対してあまりガミガミと言うことはなかったですね」

その言葉に、加代子さんはクスッと笑う。心の根っこの部分にはやはり愛情が溢れているのだ。

「私もいろいろと子供たちには言いますよ。でも子供って、やっぱり可愛いものなんです。何かをしてほしいと言われると、親としてはその期待に応えてあげたくなっちゃう。翔平に対しても、何かを訊《き》かれたら、それに対して一生懸命に調べてあげたいと思っちゃうんですよね」

加代子さんは子供たちとの時間を大切にしてきたが、翔平が小学校に入学したのと同時にパートタイムの仕事を始めた。子育てに少しだけ余裕が出てきた頃だ。市内にある焼き肉チェーン店で働きながら三人を育てた。それでも、子供たちに向けられる思いや目は何も変わらなかった。

「翔平が幼稚園のときまでは内職みたいなことをやっていました。子供との時間が欲しかったですからね。幼稚園に行っている間や寝ている間にちょっと仕事をする感じでした。ただ、パートの仕事を始めてから外に出かけるようになっても、子供たちとのコミュニケーションは大切にしました。職場にお願いして土日は休ませてもらったり。平日は、子供が小学校から帰ってきたら、私のところに電話をさせたりもしました。『ただいま。今日のおやつは何?』みたいな話をしながら、そこでちょっとコミュニケーションを取る感じでしたね」

家族で摂る食事でも、その食卓に流れる親子間の空気を大事にした。

少年時代の翔平は食が細かった。

「食べて鍛《きた》えて今でこそ立派な体になりましたけど、高校に入る前まではガリガリで、食べ物の好き嫌いはそんなになかったんですが、食べる量は少なかったですね」

ちなみに、今でもそうだが苦手なものはトマトだ。「おそらく私が昔から好んでトマトを食べなかったせいで、翔平も苦手になったのかな」と徹さんは苦笑するが、父もまた末っ子の食の細さは知っていた。

「子供の頃って、普通は食べることが楽しいんでしょうが、翔平は食べることに関心がなかったんだと思います。チョコレートみたいな自分の好きなものは別なんでしょうけどね。ゴハン類に関してはあまり食べませんでした」

ただ、食べないからと言って、食事の量を強要することはしなかった。加代子さんは言う。

「とにかく楽しい雰囲気で、家族みんなで食べれば、少しは食べる量が増えるのかなとは思っていました。だから、お父さんが仕事から帰るのを待って、みんなで夕飯を摂る。お休みの日には、ホットプレートみたいなもので、家族みんなで楽しくワイワイと食べる。食事に関して特別なことをしたわけではなかったんですが、自然とそういう空気を作ろうとは思っていました。あとは、基本的には小、中学校ともに給食があったので、栄養士さんが考えてくれたバランスの良い食事に私自身が甘えていたところもあって、家ではバランス面を少しは気にしながらも、子供の好きなものを限られた家計の中でたくさん食べさせたいという思いはありました」

結果的に、中学生までは親が期待するほどの体重にはならなかった。

強風が吹けば、ヒョロッとした体が吹き飛んでしまいそうな、まるでマッチ棒のような……と言えば大袈裟かもしれないが、それほどに体の線は細かった。

一方で、縦に伸びる体の成長曲線は歳を重ねるにつれて右肩上がりになっていった。

小学校入学時は120センチ台後半。そこから毎年のように5～6センチずつ身長が伸び、中学校入学時には165センチに達した。さらに成長速度は加速して、中学三年間で20センチ以上は伸び、三年生になると187センチになった。その頃には周囲の同級生たちよりも頭一つ分は高い身長になっていた。

そんな末っ子の順調過ぎるほどに伸びていく背丈を加代子さんはそれほど驚かない。むしろ、「そうだよね」と頷《うなず》くようにこう語るのだ。

「小さい頃から翔平は『何でそんなに大きくなったの？』と周りから訊かれるんですが、それは間違いなく親の遺伝ですよね」

夏の匂《にお》いが夜風に溶け込み始める七月の岩手路。

窓から虫たちの軽やかな歌声が聞こえてくる夜九時頃に、翔平は岩手県の内陸南部に位置する水沢市（現・奥州市）で生まれた。平間産婦人科で産声を上げた新生児は3400グラムの男の子だった。

「親の私にしてみれば、普通の子が出てきたという感じでしたね。私自身は三姉妹なんですが、三人ともに生まれたときは3000グラム後半だったんです。そんな私の子供ですから、もっと大きい子が生まれると思っていたんですけど、意外と普通でした」

母はそう言って笑う。

加代子さんの身長は170センチだが、実家は背の高い家系だ。

「私と妹が同じぐらいの身長かな。姉も私より2センチ低いぐらいですので、三人ともに身長が170センチ前後はあるんです。ちなみに、それぞれの旦那は180センチ以上で、その子供たちもみんな背が高い。大きい家系なんですよね。だから、ちっちゃい子が生まれるわけがないですし、翔平もある程度の身長まで成長すると思っていました」

大谷家の長男である龍太さんは187センチ。長女の結香さんは168センチほど。それぞれに親の遺伝子をもれなく引き継いだ。徹さんも182センチ。

翔平の祖父にあたる徹さんの父親も身長が高かった。周囲の誰よりも背丈があって、頭一つ分は飛び抜けている目立つ人物だった。

「若かった頃の親父は180センチぐらいあったと思います。母親は150センチぐらいで大きくはないんですが、私の親父は昔の人にしてはかなり身長が高かったですね」

徹さんと加代子さんのDNAを受け継いだ翔平は、大谷家ではもっとも大きく成長した。父や兄の身長を越えた193センチである。

生後十一か月ほどで歩き始め、誰もが羨《うらや》むほどに大きくなることを宿命づけられた末っ子が、スポーツというジャンルに触れ、その道を歩み続けたいと思うことは必然だったのかもしれない。ともに一つの競技を高いレベルにまで引き上げ、アスリートとしての人生を歩んだ両親からしても、息子がスポーツに触れることは自然の流れだった。加代子さんは言う。

「私がバドミントンをやっていたので、はじめは練習日に翔平を一緒に連れていって遊ばせていました。野球での投げたり、打ったりする動きはバドミントンのスイングと似ている部分があるのか、翔平は最初から上手にバドミントンをやっていましたね。特別に私が教えたわけではなかったんですが、自然と出来ていました」

翔平自身も、そのときの光景は覚えている。

「母がやっていたので、その練習場所について行って遊び半分でやっていた感じですね。バドミントンがその後の野球に役立ったかどうかはわかりませんが、もともと体を動かすことは好きでしたし、子供の頃にいろんなスポーツや遊びをやれたことはよかったと思っています」

母と一緒に楽しんだバドミントンもそうだが、幼稚園の年長から始めて小学校五年生までスクール通いをした水泳もまた、翔平にとっては体を動かす楽しみの一つだった。加代子さんは言う。

「習い事は水泳だけでしたが、一通りの泳ぎができるまで通いました。はじめは幼稚園の活動の一環としてスイミングスクールに通っていたんですが、小学校に上がる時に『この先、どうする?』って訊いたら『通いたい』と言うのでそのまま水泳を続けた感じです。本人は楽しかったみたいですね」

のちに野球を始めてからの翔平は、その肩肘《かたひじ》や肩甲骨《けんこうこつ》まわりの柔らかさを注目されるのだが、少年時代の水泳が野球での「柔らかさ」に直結していったのだろうか。徹さんは頷きながらこう言うのだ。

「クロールにしろ、平泳ぎにしろ、水泳は体全体を使うスポーツなので、関節の柔らかさや肩の可動域などに関しては影響があったと思います。加えて、もともと翔平の体が硬いと思ったことはなくて、ボールを持ってもバットを持っても、どちらかというとはじめから柔らかいプレイスタイルだったと思います」

都会から田舎へ移住した理由

翔平が野球チームのユニフォームに袖《そで》を通し、白球を追いかけ始めたのは小学三年生に上がる直前の雪解け間近な頃だった。その前年、二年生の秋頃に地元にある硬式リトルリーグのチームへ見学に行ったのがきっかけだった。厚みのある父の手を小さな手でギュッと握りしめて向かったであろう野球の体験会だ。加代子さんの友人の息子がすでにそのチームに入部していたこともあり、本格的に野球を始めることを決めた。入部前から父とはよくキャッチボールをしていた。野球にのめり込むまで、さほど時間は必要ではなかった。

チームの監督も務めた徹さんは当時をこう振り返る。

「翔平と七つ違いの龍太は、小さい頃は地元のスポーツ少年団で野球をやっていました。中学校でも軟式です。当時の私は、仕事が忙しくて龍太に対して手取り足取り野球を教えてあげられなかった。キャッチボールもなかなか付き合ってあげることができなかったんです。そのことが心のどこかに引っかかっていまして……。今でも龍太には申し訳なかったと思っているんです。そのこともあって、翔平には一生懸命に野球を教えてあげようかな、と。ゆくゆくは高校に上がれば硬球を使った野球になりますし、末っ子にははじめから硬式チームに入れて野球をやらせてみたいという思いがありました」

当時、自動車のボディメーカーに勤めていた徹さんは、昼夜二交代という勤務体制で日々の仕事に追われていた。夜から朝方まで続く夜勤の日も多かった。それでも、週末ともなれば息子と一緒にグラウンドへ出かけた。平日でも夜に仕事が入っていないときは、その時間を息子との野球の時間に費やした。

「たとえば夜勤の週になると土曜日の朝に自宅へ帰るわけですが、そのまま寝ずに野球の練習へ行っていました。それが生活スタイルになっていたので、当時はその状況を何とも思いませんでした。自分の睡眠を削ってでも、できる限りのことはしてあげたかった。翔平には悔いの残らないように野球をやらせたかったですし、私自身もそうしたかった」

若かりし頃の徹さんが神奈川県から地元の岩手に移り住んだのは、将来設計を見つめ直したためである。二十五歳で野球の現役を退き、二十代後半を迎えたときだ。

《家族を養っていかなければいけない。子供を育てなければいけない》

そのためにも、「我が家」という明確な自分たちの持ち家を築きたい。リビングにキッチン、寝室も必要だし、子供たちが成長すればそれぞれが部屋を欲しくなる。そんな広さの一戸建てを購入しようと思えば、都会ではかなりの大金が動く。正直なところ、神奈川県のような大都市に住み続ければ、それ相応の一戸建てを手に入れるのは容易なことではない。でも、田舎へ引っ越せば……。その思いが先に立ち、徹さんは自身の人生というよりも、大谷家の将来を考えて岩手に引っ越す覚悟を決めた。そして、岩手に戻ったのにはこんな理由もあった。

「子供に野球をやらせるんだったら、田舎の環境のほうがいいと思っていました」

田舎で生まれ育った徹さんは、自身の経験値も踏まえてそう思った。

「野球ノート」に記された三つの教え

小学校時代は監督を、水沢南中時代に所属した一関市にあるシニアリーグのチームではコーチを務めた徹さんは、翔平にとって指導者でもあった。

「父親は中学まではずっとコーチや監督だったので、グラウンドで接していることのほうが多かったですね。ただ、監督やコーチはチーム全体を見ないといけないですし、息子だからといって特別扱いするわけにもいかない。だから僕も父親という観点ではあまり見ていなかったですね」

親子の間柄でありながら指導者と選手の立場だった当時のことを、翔平はさらにこう語るのだ。

「僕が監督だったとしてもそうだと思いますが、同じぐらいの子が自分の息子と同じ実力だったら、息子ではない違う子を試合で使わないといけないと思うんです。それは当たり前のことというか。だから、息子である自分が試合に出るためには圧倒的な実力がなければいけない。チームのみんなに納得してもらえる実力がなければいけない。まだ小さかったですけど、それは僕にもわかりました。だから、ちゃんとやらなきゃいけないという思いはずっと持ち続けていました」

仲間の選手よりも何倍も、何十倍も練習した。

岩手県奥州市と胆沢《いさわ》郡金ケ崎《かねがさき》町の境界を流れる一級河川の胆沢川。その河川敷にあるグラウンドでは、小学生だった翔平の打球が川によく飛び込んだという。さらには、リトルリーグ最後の年、6イニング制で行われた東北大会決勝では17奪三振の圧巻のピッチングを見せた。それらは紛れもなく彼の実力を証明するエピソードである。ただ、試合における結果だけに目を奪われがちだが、その裏には子供ながらの日々の努力があり、父親に認められたい、あるいは周囲の期待に応えたいという内なる思いがあった。「父親に怒られるのも嫌でしたしね」。翔平はそう茶化してみせながらも「やるべきことはちゃんとやっていました」と言葉を加えるのだ。

そして、彼は少年時代の野球をこう語る。

「部員は少なかったですし、ウチのチームはアットホームな感じで、野球を楽しくできました」

父と息子。

その関係は、ミニサイズのキャンパスノートでもつながっていた。表紙に「野球ノート」と書き込まれたノートは、父と息子の野球における交換日記のようなものだった。徹さんがその日の評価やアドバイスを書き、翔平は試合での反省や今後の課題を記した。

「たぶん小学校五年生ぐらいまで続けましたので、二〜三冊にはなったと思います」。そう話す徹さんは、今でも実家に残る一冊を見つめながら当時のやりとりを語り始めた。

「試合から帰ったら、今日はこういうプレイができた、3回まではいいピッチングができた。あるいは、高めのボール球に手を出したとか、ボール球を打ってフライを上げたとか。そういった試合での良かったことや悪かったことなどをノートに書かせていました。そこで大切なのは、悪かったときに次に何をすれば課題を克服できるのかを考えて行動に移すことだと思っていました。エラーや三振はある。その反省から自分がどういう取り組みをしていくのか。それらを字で書き残すことによって、しっかりとやるべきことを頭に入れてほしかった。つまりは、練習における意識付けですね。野球ノートを始めた一番のきっかけは、そこにありました」

ノートには、ほとんどのページに書き込まれている徹さんのこんな言葉がある。

一つ目は、「大きな声を出して、元気よくプレイする」。

闇雲《やみくも》に声を出すのではなく、連係プレイを含めた中での確認作業をするために、アウトカウントやストライクカウントなどを大きな声で確認し合う。選手間で各打者の打球傾向を確認し合ったり、たとえば「セーフティバントをされそうだぞ」と言い合ったり、元気よく声を出してプレイし、コミュニケーションを大事にしてほしいという思いが込められていた。

二つ目は、「キャッチボールを一生懸命に練習する」。

肩を温めるだけのキャッチボールではなく、自分が意図するところ、狙ったところに投げること。指にかかった縦回転のスピンが効いたボールを投げられるためにキャッチボールの段階から意識を高く持って投げることを求めた。

三つ目は、「一生懸命に走る」。

野球は走るスポーツでもあるために、力を抜かずに最後まで全力で走ることを指導した。

徹さんはそれら三つのポイントを事あるごとにノートを通して息子に伝えようとした。一年を通して戦い続けるプロの世界まで行った選手が、それらすべてをやり続けられるかどうかはわからない。多くの場合、それらは上のレベルに行けば行くほどに忘れてしまうものかもしれない。でも、やはり……そう言って徹さんはこう言うのだ。

「野球をやっている以上は、この三つのことを大事にしながら進んでほしい。そういう思いを込めて書き続けていました」

父の思いは、23歳になった翔平の心の奥に、まだ生き続けている。

「三つの教えは基本的なものですが、今でも覚えています。それは、いつどのステージに行っても言われ続けることだと思います。特に全力疾走は、そのこと自体に意味がありますけど、その取り組む姿勢にも大きな意味合いがあると思っています」

野球に取り組む意識付けや姿勢の在り方を投げかけながら、徹さんは技術面の指導にも熱を入れた。投げることに関しては、縦回転のスピンの効いたボールを投げることに加えて、プロ野球選手の連続写真を参考にしながら綺麗《きれい》な投球フォームで投げることを教えた。とりわけ、自身と同じ左打席に立つバッティングでは細かなアドバイスをした。徹さんは言う。

「私自身が左打ちだったので、はじめから翔平の打ち方は指導しやすい左打ちにしました。その中で、インコースならライト方向へ、アウトコースならレフト方向へ、変化球にもしっかりと対応できるようになってもらいたかったので、コースによって打ち分けられるようにしなさいと言い続けました。あとは、とにかく打率を残すことを求めながら、スコアリングポジションに一気にいき、得点に絡むことができる二塁打をたくさん打つことを言ってきました。ホームランを打つことはない。左打者にとっては逆方向になる左中間方向へ打ち返して、二塁打をたくさん打つこと。そこはこだわって翔平に言い続けましたね」

グラウンド上では、社会人野球まで経験した自身の実体験をフルに活用しながら、出来る限りのバッティング理論を伝えた。ただ、その教えは強制的で逃げ場のない堅苦しい、型にハメようとする類のものではなかった。教えのスタンスとしては、バッティングのヒントを与えるもの。あくまでも自らの意思で、自身のバッティングを確立するためのきっかけ作りだったのだ。

また、基本的には自宅へ野球を持ち込まなかった。翔平が小学生の頃は、練習が終わってから一緒に風呂に入ったものだったが、そこではその日の練習を少しだけ振り返る程度。風呂上りはいつもの父と息子に戻り、他愛もない話をするだけだった。徹さんはその意図をこう話す。

「家に帰ってからはガリガリと一対一で練習したことはなかったですね。グラウンドでの練習を色濃くして、ウチに帰ったら自主練習。そういうスタイルで翔平を見守り続けました。まだ体が成長段階にある子供ですからね。家でも熱血指導をしてしまうと怪我につながる場合がある。だから意識的に家では指導をしませんでした。実際に翔平も中学一年から二年のときに成長痛で足首が痛いと言った時期がありました。成長段階で急激に骨が伸びたりすることもあり、その最中で練習をやり過ぎると体に異常が出たり怪我をしてしまうことがある。そのリスクというか、怖さがありました。だから極力、家では熱血指導をしないと決めていました」

父と母のバランス感覚

子供を信じて、見守り続ける。そこには常に親から子に対する愛情がある。

母と息子、父と息子の関係を知れば知るほどに、僕は大谷家の深い親子のつながりを感じるのだ。

「翔平が野球を始めてからは、部活で忙しいお兄ちゃんとはなかなか一緒に行くことはなかったんですが、翔平とお父さんが一緒に向かう野球に私と娘はよくお弁当を持って見に行ったりしたものでした」

母の言葉にまた、大谷家の温もりを感じる。

愛情たっぷりに見守り続けてきたんですね？

そんな言葉で加代子さんに問いかけると、照れくさそうな、どこか恥ずかしそうな素振りで「そんなしっかりとした親じゃないから、子供たちのほうが諦めていたのかもしれないですよね」と目尻を下げる。そしてこう言う。

「いろんなことを考えながら子育てをされている方が多いと思いますが、本当に申し訳ないぐらいに、私たちは子育てに関して『こうやって育てよう』とか『絶対にこれだけはしよう』というものが特になかったんです」

ただ、子供は大好きなんです。そう言って話を続ける。

「子供はそれぞれに育ち、いつかは巣立っていくわけですが、いつになっても実家は実家。親はいくつになっても子供たちのことを大好きなんです。私たち親の『いつまでも見ているよ』『大事にしているよ』ということが伝われば、子供も家族のことを大事に思ってくれると信じてきました。たとえ遠くにいたとしても、『大好きだよ』という気持ちはいつまでも持ち続ける。言葉では伝えにくいものですが、何かの形でその思いを伝えたいと思っていましたし、今でもそう思っています。翔平は、小さい頃に野球を教えてくれたのはお父さんだし、シニアリーグ時代も高校野球でも私たち家族は土日の練習試合などもよく見に行っていましたから、常に家族から『見られている』という感覚を持って野球をやっていたかもしれないですね」

多くは語らずとも、子は親の背中や言葉から何かを感じ取るものだ。徹さんと加代子さんはそれがわかった上で、夫婦間で決めていたことはあった。

たとえば、夫婦喧嘩はしない。

徹さんは言う。

「表立ったものはしないようにしていました。できるだけ夫婦で喧嘩する姿は子供たちに見せたくないと思っていました。家庭環境や家族構成にもよると思いますが、家族がみんな仲良くすること、子供と極力接してコミュニケーションを取ること。その中で出来る限り、家族団欒で一緒に食事をすること。それらが大事だと思っていましたし、今でもそう思うんですよ」

加代子さんもまた口を揃《そろ》える。

「夫婦が言い争いをしていると家庭の中はどんよりしちゃいますよね。それを見た子供たちは、親に対してどこか気を遣う感じになったりするものです。まったく夫婦喧嘩がなかったわけではないんですよ。でも、たとえあったとしても、絶対に喧嘩を長引かせないようにしていました。その日で終わり。次の日は普通の生活に戻って、仕事から帰ればいつものように『ただいま』『お帰り』と言う。どんよりとした雰囲気だけは長引かせないようにしていましたね」

のちに翔平の母校となる花巻東高校の佐々木洋監督は、そんな夫婦の素顔をよく知る人物の一人だ。大谷翔平の人間力の原点、その礎《いしずえ》となっているのは他でもなく、彼の両親、徹さんと加代子さんの夫婦であると佐々木監督は思うのだ。

「すばらしいご両親であることは間違いありません。練習試合を見に来られても、そっと立ち尽くし、黙って試合を観ている。帰り際に私と目が合えば、控えめに会釈をする。そんな方々なんです。大谷は一年生のときから試合に出ていましたが、その当時は三年生や二年生の親御さんもいますし、一歩、二歩と下がって黙って見ている。その一方で、周りの親御さんとうまく溶け込んでいるところもある。お父さんは社会人野球までプレイされた方ですが、我々の指導や起用法について何も口を挟むことなく、ただ黙って見守っている。あれだけの息子がいても決して天狗《てんぐ》になるようなところがないんです。親の姿勢は子供が見ていますからね。大谷は、高校に入学して来る前の十五年間は親の姿勢を見て、親の言葉を受けて、親の指導を受けて育ってきているわけです。大谷の行動を見ていれば、ご両親のすばらしさがよくわかります。お二人の姿勢を見て、私も一人の親として見習わなければいけないなといつも思うんですよ」

　また、翔平の両親には「時には夫婦であり、時にはコンビ」のような空気感があると佐々木監督は言う。

「どちらかと言うと、お父さんは背中で生き方を見せているような感じがしますし、一方でお母さんは、臨機応変にうまく対応しながら、その場、その場でいろんな引き出しを持っていて、どんな方に対してもとにかく明るく接してくれる。お二人は役割分担がしっかりとされていると思うことがあります。そのご両親のもとで大谷は育ち、見守られてきました。ただ、子供に対する親の姿勢としては決して過保護ではない。時には静かに見守る。すべてが放任というわけでなく、適度な距離を保ちながら見つめている。我々指導者の立場で言えば、練習は自主性だけでは絶対にダメだと思いますし、そうかと言って、もちろん強制だけでもいけない。要するにそれらのバランスが大切になるものです。相反する二つの要素を、あたかも矛盾《むじゅん》しないようにバランスよく持ち続ける。大谷のご両親は、そのバランス感覚を持っていると思います」

高過ぎるところを想像する性格

それゆえに、徹さんと加代子さんが築いてきた大谷家は、息子にとって「居心地がいい」場所なのだ。

岩手で過ごし、家族と共有した時間。

そこから翔平は多くのものを受け取った。

「今でもそうですが、親には本当に自分がやりたいように自由にやらせてもらってきました。父親には、やりたければやればいいし、やりたくなければ自己責任でという感じで接してもらいましたし、母親にも『勉強をやりなさい』と言われたことがなかったですし、たくさん支えてもらいながら、これまで自由にやらせてもらってきたと感じています」

翔平の行動は、最終的にはいつも自らの決断によるものだった。やることはすべて、自らの考えから導き出した結論。だからこそ、一つ一つの行動に責任を持つことができ、納得ができた。

「基本は自分の決断のもとで行動してきました。小さい頃にやっていた水泳もそうでした。続けるときは、友達がやっているのを見て『僕もやりたい』と思って続けましたし、やめるときも、最後のテストみたいなものがあって、それが終わったら『もういいや』と思ってやめましたから」

そして、岩手という地で生まれ育ったことも彼の人生に深く影響したと言えるだろう。翔平は言う。

「岩手での時間は本当に楽しく、のんびりと過ごしました。こと野球に関しても、おそらくそういう環境のほうが性に合っていたと思います。神奈川などの関東や関西などは、厳しい指導者のもとで統率の取れたチーム、いわば高校野球みたいなものが少年野球のときからある。だからこそ強いんだろうなとは思うんですけど、個人的には、子供の頃に楽しく、のんびりと野球ができたことはよかったと思っています。楽しくできたおかげで、一回も野球を嫌いになることはなかったですから。

中学までは、自分はあまり大したことのない選手なんだろうなと思っていました。全国に、どれだけすごい選手がいるのかもわからなかったですし。チーム内や、岩手県内といった小さい世界の中では、ある程度は活躍ができて自信は多少なりともありましたけど、全国にはもっとすごい選手がいるんだろうなと思っていました。だから、『もっとうまくなりたい』と思ってやっていたところはありましたけどね」

翔平には遠い世界があった。だが逆に、その環境がよかった。たとえ自信を得ても過信になることはなかった。「野球が楽しい」という感覚が土台となりながら、「もっとうまくなりたい」「まだまだやることがある」、そんな野球に対するモチベーションを常に保つことができた。

知らないもの、見えない部分に心が躍った。

翔平はさらに言う。

「知らないところでやるときはワクワクしますね。プロ野球の世界に入るときもそうでした。もっともっと自分よりすごい選手がいるんだろうなと思って、ワクワクしたのを覚えています。経験のないこと、知らない場所というのは、実際にやってみないとわからないものがたくさんありますし、その場所に行ってみないと自分の実力がわからないものだと思います。自分のイメージしていたものよりも低いのか、高いのか。それは実際にやってみないとわからない。僕はどちらかと言うと、高過ぎるところを想像する性格。自分のイメージを高い場所へ持っていくところがあります。だから、自分が知らないことに向かうときって、ワクワクしてしまうんでしょうね」

そういう感覚もまた、岩手で生まれ育った現実と無関係ではないような気がしてならない。

親の目には、息子と田舎の関係はこう映っている。徹さんは言う。

「岩手は田舎ですし、人口も少ない。のんびりしたところは確かにあります。私自身の考えで言えば、野球をやるんだったら、小さい頃はたとえ人数が少なくてものびのびと楽しめる田舎のほうがいいと思っています。田舎は、良く言えば朗らか、悪く言えばのんびりし過ぎている。ただ、子供の成長期を考えれば、ある程度の自由があってのびのび野球ができる田舎のほうがいいのかなって思うんですよね」

加代子さんは、人と人とのつながりが深いところが田舎の良さであり、都会とは違うところかもしれないと話す。同世代のつながりもそう、地域の人々との関係も密接なのだという。

「近所の方々や、おじいちゃんやおばあちゃんは、顔を合わせればいつも『翔平くん、頑張っていたね』と声を掛けてくれます。翔平がプロ野球選手になってからは、出場する試合を見たいと、わざわざケーブルテレビに加入して応援してくれました。本当にありがたいですし、そんな話を聞くと、人と人との深いつながりをより一層感じるんです」

「翔平」の名前の由来

人生において「もしも」の世界があるならば、僕は都会で生まれ育った大谷翔平の人生を見てみたいと思うことがある。たとえば、若かりし頃の両親が過ごした神奈川県で生まれ、野球を始める翔平がいたとしたら、どんな野球人生を送っていたのだろうか、と。その可能性は十分にあっただろうし、そこには明らかに今とは違う人生が待っていたと思うのだ。

もっと言えば、大谷翔平の今を見ることはなかったと言えるだろう。

大谷家の末っ子は、家族間で「ショウ」と呼ばれることが多いそうだが、「翔平」という名には、子供に対する両親の深い思いが込められている。徹さんが名前の由来を話す。

「私が『翔』という字をもともと気に入っていまして、家内に『どう？』と訊いたら『いいよ』ということになりました。最初は『翔』という一文字でもいいとは思ったんですが、私自身が苗字と名前を合わせて三文字でしょ。それが正直、ずっと好きじゃなかったというか、違和感がありましてね。長男と長女も名前は二文字ですし、一人だけ一文字の名前にするのもおかしいよなと思って結局は二文字にしました。『翔』という字には、跳ぶ、翔《かけ》るという意味があるように、源義経が跳んで戦うイメージがあります。岩手県には中尊寺がある奥州平泉《おうしゅうひらいずみ》というところがありまして、その場所にゆかりのある源義経にちなんで『翔』の字を、そして平泉の地名から取り、または平穏で自然と生きてほしいという願いから『平』の字を使うことにして翔平と名付けました。実は『義経』という名前も候補に挙がったんですが、ちょっとそれでは畏れ多いし、歴史上の人物の名前を付けると子供が大きくなってからかわいそうだなと思ってやめました。『平』の字も、私が格好いいなと思っていた俳優の柴田恭兵さんの『兵』の字が候補に挙がったことも……。でも、最後は翔平に。今振り返れば、その名前でよかったなと思っているんですよ」

大谷翔平の原点。

それはやはり生まれ育った土地にある。温かく、そして愛情を込めて見守り続けた両親と多くの時間を過ごした岩手こそが、彼の源流なのだ。

第三章

黄金の国、いわて

先入観は可能を不可能にする

Ａ４判の全三十四ページにわたる高校の学校案内パンフレットには、在学生徒のコメントが載るページがある。そこでは『2年B組　硬式野球部／ドリカム進学コース』の大谷翔平が紹介されていた。グレーとパープルを基調としたユニフォーム姿の写真とともに、紹介文の見出しにはこんな文字が躍るのだ。

《実際に成功した人の足跡をたどる以外に、確実に成功する方法はない》

七年前に作られたそのパンフレットにある言葉は、岩手県内の中学生へ向けられたものであり、花巻東高校野球部の監督である佐々木洋からの16歳の大谷へのメッセージでもあった。

佐々木監督は選手にかける言葉を大切にする指導者だ。選手一人一人の特徴に合った言葉を選んで指導する。時には、技術指導における佐々木監督の言葉を一人の選手が聞けば、自分に対する教えと真逆の話をしていると思う場合もある。ただ、それはあくまでも選手それぞれに適した指導を考えているからこそ。佐々木監督は、一つ一つの言葉には深い意味合いがあり、たとえどんなに小さな言葉でも人生をも左右するほどの大きなエネルギーがあると思っているのだ。

「たとえ選手によって真逆のことを言っていたとしても、それらはすべて正解だと思っています。『監督が言っていることとは違うじゃないか』と言われるかもしれません。ただそれぞれに適した言葉や教えというものがある。だから、選手が『何だよ！』とならないためにも、そのことをしっかりと説明して理解してもらう。それぞれに上手くなってもらうためには、いろんな言葉かけがあっていいと私は思っています。また、われわれ指導者の仕事は、良い理論を選手に伝えることではありません。データを出して、それを伝えるだけが仕事ではないと思っています。選手の良さを引き出してあげること。または悪いところを修正してあげることも必要。いろんな練習のスタイルやシステムを考えながら、一人一人を知り、その強化ポイントを見極めることが大切だと思っています」

言葉こそが大事なんだ――。佐々木監督はいつもそう言うのである。

また、ずいぶん前の話になるが、かつて庭いじりをしていた佐々木監督は「気づかされたことがあった」という。自宅の庭に植えた木々がよく枯れることがあり、知人から新しい苗木をもらって植え替えても一向に状況が変わらなかった。

「なぜだ？」

佐々木監督には、木々が枯れていく原因がまったくわからなかった。あるとき、苗木を譲ってくれる知人に相談すると「木には植え替えるタイミングがある」と聞かされた。木の植え替え時期は梅雨時がもっとも適している。要するに、雨量の多いその時期は自然と適度な水分が土に含まれるので、木々や土の入れ替えにもっとも適しており、順調に木々が育つというのだ。その事実を知った佐々木監督は、頭をハンマーで殴られたような衝撃を受けた。

「改めて思いましたね。何事もタイミングが大切だ、と。それまでは木のことなどまったく考えずに、自分の都合で時間があるときに木を植え替えていました。でも、それは違う。植え替えるタイミングを間違えれば、育つものも育たない。それは野球にも通ずることだと思いました」

その出来事をきっかけに、佐々木監督は選手への言葉かけを深く考えるようになった。

言葉が持つ力とは何か。佐々木監督はこう言う。

「これまで、私自身が歴史上の人物や出会った方々の言葉に影響を受けてきました。先人たちが語り、残してきた言葉を本などで学ぶことが多い。そこで感じるのは、言葉には魂があるということです。よく『言霊《ことだま》』と言いますが、一つ一つの言葉に魂を揺さぶられることがあります。だから、私自身が影響を受けた言葉をすぐに生徒たちにも教えてあげたい。そう思って、いろんな場所にあらゆる言葉を張り出しています」

花巻東高校時代の大谷にも、魂を揺さぶられる言葉がいくつもあった。佐々木監督からの言葉を思い出しながら、大谷が過去を見つめる。

「チームとしての『決してあきらめない』というスローガンもそうですが、『先入観は可能を不可能にする』という言葉は今でもはっきりと覚えています。そのときにはあまりわからなくても、あとから振り返ってみて『あの言葉は大事だったなあ』とか『ああいうことをそこから学んだなあ』と思うものはたくさんあると思いますが、その言葉は僕の中で大きなものでした」

《先入観は可能を不可能にする》

佐々木監督は言う。

「たとえば160キロの球を投げるというイメージがそもそもなければ、絶対にそこまでたどり着かないものだと思います。できると思うから、そのために頑張る。途中で蓋《ふた》をしたり、限界を作ってしまっては、自分の可能性を伸ばすことができないと思います。これしかできない。岩手出身の高校生だけでは日本一になれない。高校生だから160キロは投げられない。そういう先入観を持たないことが可能性を伸ばす上で大事だと思っていましたし、今でもそう信じています。高校時代の大谷は決して言葉数が多いほうではありませんでしたが、あとから彼が書き残したものを振り返って見てみると『誰もがやっていないことをやるんだ』『非常識な発想でいくんだ』、そして『道を自分で切り開いていくんだ』。そういう強い思いがよく伝わってきます」

大谷の思考は、高校時代の指導者との出会いによって一層の深みを持っていった。恩師からの言葉を受けて、新たな発想を生み出し、思考は大きな根っこを張った。大谷の母・加代子さんは言うのだ。

「佐々木監督の存在は大きかったと思います。高校に入る前の十五年間で私たちが教えられなかったこと、または教えた以上のことを、花巻東高校での三年間で翔平は学んだと思います」

佐々木監督が持つ独特の感性

佐々木監督の朝は早い。

東の空が瑠璃《るり》色に染まり始める早朝に起き、自宅の庭へそっと向かうことがある。朝露を含んだ湿り気のある土が、ときには両手を優しく濡らして安らぎを与えてくれることもある。土を掘り、好みの苗木を植える。始まりは、庭いじりだった。

「初めはちょっとしたきっかけで、庭いじりをしていましたが、いつしか庭で自分の木を育ててみようと思いました。植木に詳しい知り合いの方に話を聞きながら、近所のホームセンターで苗木を買って。そのうち、土に植えた小さな苗木はどんどん成長していきました」

子供だった苗木が大人へと成長する。その過程で、佐々木監督はそれぞれの木が互いにぶつかり合う様子を見た。大事に育てたはずの〝子供たち〟が、衝突しながら互いの成長を妨げている。「おいおい、何をやっているんだ！」。言葉を発することなく、ただ伸び続ける木々に対して、心の嘆きをぶつけながら土を再び掘り返す。

「要するに、木と木の間隔が近過ぎたんですね。そのときに思ったんです。俺って、何も長期的なプランを考えていなかったなって。そして、野球でも生徒に同じことをしていないか？ って」

佐々木監督は、それまでの指導を振り返りながら自問自答した。広い視野を持たずに、言わば大きな森を見ていなかった。目の前の木ばかりに意識をとらわれていた。そんな自分を「反省した」という。庭を整える「庭師」は、古くは「園丁《えんてい》」などとも呼ばれた。佐々木監督が言葉を足す。

「庭師は、植木が終われば縁側に座ってお茶を啜《すす》りながら景色を眺める。それって、ただお茶を飲んで休んでいるだけではないんですよね。遠目から植木の位置関係を確認している。離れて見てこそ気づくことがある。それは、野球でのノックにも通ずるものがあると思うんです。たまには、全体の動きを見るためにノックを受ける野手の姿を俯瞰《ふかん》することも大切。上から全体を見渡すと、たとえばショートが捕球する際にセンターの動きが気になったりする。そういう『目』も、指導者には必要だと思うんです」

庭いじりを始めた頃、佐々木監督は自分好みの木を買って植えていた。タイプ的には同じものばかりだ。すると、同じタイミングですべての葉が枯れ落ちた。その光景にも「気づき」があったという。

「俺の庭には四季がなかった……そう思ったんです。春になれば綺麗《きれい》な桜が咲く。夏には緑が輝き、秋には木々が色鮮やかな葉をつける。冬には、葉っぱが枯れても実をしっかりとつけて逞《たくま》しく生きる木々もある。たとえば桜が好きで、その木ばかりを集めていたら、春の一瞬しかその良さを味わえない。他の季節も同じです。そう考えたら、打線も庭作りと一緒だな、と。さまざまな『個』がそれぞれに生きてこそ、打線になる。そのことに気づいたんです」

目の前で起きた出来事や過ぎ去る物に対して、人はどれだけの感情を抱《いだ》くだろうか。五感のうち、視覚、聴覚、触覚、嗅覚によって持ち得る感情は一つや二つ。多くの場合はそうに違いない。美しい物を見たら、素直に「美しい」と感じる。そして「綺麗」という感情につながっていく。そこに三つ目や四つ目の感情がすんなり加われば、感受性の強い人間と言えるだろうか。佐々木監督の言動を見れば、外界からの刺激を受け入れる能力の高さをいつも感じる。その目には、多くのものが映っている。思考は常にフル稼働だ。「なぜ?」「なぜ??」「なぜ???」。何かにつけて疑問が湧《わ》いてくる。そして、その疑いを野球に置き換えて考える。大袈裟《おおげさ》な言い方かもしれないが、目の前で起こり得るすべてのことを野球とリンクさせて考える。庭いじりから得た「個」の価値観。それは、佐々木監督が持つ独特の感性がもたらした産物なのだ。

庭いじりから盆栽、そして今は河川敷に転がる何の変哲もないような「石」を拾っては、じっくりとその姿を眺めてみることがあるのだという。佐々木監督には、「石の師匠」と呼ぶ人物がいる。石を拾い始めた頃は、自分では「すばらしい」と思って拾ってきた石を、その師匠に「漬物石にもならない」と一蹴されたことがあった。まだまだ石の心がわかっていない、と。それでも時間を見つけては石を拾いに行った。そのうちに、師匠の言葉が腑に落ちるようになっていった。

「石は動かず止まっていますけど、それぞれに表情があるんですよね。見方によっては、普通の石が、ものすごく価値のある石に見えたりするものです。たとえば、石を台の上に置いたり、器に入れたとします。すると、初めてその石の価値が増す場合もある。一つの方向から見たら同じ表情にしか見えない石でも、角度を変えて見たり、何かに置いてみたりすることで違った輝きを放ったり、重みを感じたりすることがある。それは生徒も同じなんです。また、たとえば石にも正面があるとするならば、他人はこっちが正面だと思っても、私はこっちが正面だと思うことがある。非常識な考えというか、他人が正面だと思わないほうを自分は正面だと思ってもいいのではないかと考えることがあります。あるいは、石にコケを生やすことは邪道だという石の収集家の方もいるかもしれませんが、コケを生やして価値が増すかもしれない。角度を変えて見たり、発想を思い切って転換してみたりすること。それは指導においても大事なことだと思うんです」

固定概念を取り除き、違う角度から見てみる。そこには違う発見があるかもしれない。その感性は、大谷の中に生き続ける、まさに「先入観は可能を不可能にする」という言葉に相通ずるものだ。

「野球のことばかりを考えているからダメなんだ」

国士館大学を卒業後に神奈川県の強豪校でのコーチ経験を経て地元の岩手県に帰った佐々木監督が、私立校の花巻東高校に教員として赴任したのが一九九九年四月のことだ。バドミントン部の顧問、女子ソフトボール部の初代監督などを経て、晴れて野球部監督に就任したのが二〇〇一年のことである。以来、多くの選手たちが佐々木監督の前を通り過ぎていった。今でこそ確固たる方向性を導き出し、選手の力を最大限に引き出す指導になったが、就任当初は青さが残る自分本位の教えにこそ、指導の本質があると思っていた。

「だから、監督になりたての頃は選手の個性を潰《つぶ》してしまっていたと思います。それぞれの可能性に気づかずに」

佐々木監督は悔いるのだ。そして、こう言葉をつなげる。

「同じような投げ方のピッチャーや、同じような打ち方のバッターを育てようとしていました。要するに『型にはめた野球』をやっていた。練習もそうです。たとえば冬のオフシーズン。みんながみんなシステマティックな練習メニューを流れ作業のようにこなしていた時期がありました。それぞれの良さや個性を潰してしまっていることに気づかずに。その失敗と反省から、『個』を生かさなければいけないんだと思いました」

それぞれの特徴を知り、その力を伸ばして生かす指導の大切さ。そのためにも、指導における「カスタマイズ」が必要だと感じるようになった。

一般的な解釈で言えば、カスタマイズとは利用者の要望や好みに合わせて、サービス内容や見た目、性能や構成といった仕様を変更することだ。「経営」の分野から学ぶことが多いという佐々木監督は、選手育成にもカスタマイズの考えを取り入れるようになった。

きっかけは、監督就任四年目の二〇〇四年、秋季大会での一つの負けだった。就任二年目、三年目と、県ベスト四までチームを導き「甲子園もすぐそこだ」と感じていた矢先のことだ。花巻地区予選で、県立の進学校である花巻北高校に敗れた。佐々木監督が就任する以前の花巻東高校は、花巻商業高校時代も含めて夏の甲子園に二度出場した実績を誇る私立校だった。県内の高校球界には「強い花巻東」の印象があった。強さを誇示する存在であり続けてほしいと願うOBたちの目は毎年のようにギラついていた。佐々木監督は、もともとが県立校の黒沢尻北高校の出身だ。野球部史上初のOB以外の監督、いわば「外部監督」だったことを考えれば、地区予選で敗退したときは「クビを覚悟した」のだという。しかし、その覚悟は結果的に空振りに終わり、監督続投が決まるのだが。

「監督を続けさせてもらえるチャンスをいただきました。そのときに思いましたね。指導者として、何かを見直せ、何かが間違っているよと、神様が教えてくれているんだ、と」

それまでの指導を振り返り、変化を求めた佐々木監督は、大学時代に出会い、考え方や生き方を教えてくれた恩師をグラウンドに招いて「変わる」きっかけを見つけようとした。

「そのとき、恩師に言われたんです。野球のことばかりを考えているからダメなんだ、と」

当時はまだ、マネジメントにおけるドラッガーなどという言葉なども現代のように広まっていない頃だ。そんな時代に「経営からいろいろ学んだほうがいい」と助言された。それ以前から、佐々木監督は独自の考えから野球に関わる講演会やメーカーのトレーニング講義に足繁く通っていた。バッティングの技術本も読み漁《あさ》っていた。そのすべてを、恩師からの助言をきっかけに一切やめた。

「個」を最大限に生かす指導

分厚い経営書を読み、一般の会社を訪ねるようになった。そこから得た情報や思考は、野球に通ずるものばかりだった。経営から野球を学ぶ。その考えは今、指導者としての佐々木監督の根底にある。

「たとえば、車でもお客様の意向に合わせた色や高さに調節して売ることがあります。既存の商品を売るのではなく、いろんな付属品をつけながらカスタマイズして売る場合があります。以前までの私なら『良い製品を作ったから買ってください』という考えだった。でも今は、一人一人に合ったものは何か、それぞれをいかに伸ばすことができるかを考えています。練習でも同じ型にはめたものはしない。たとえば、体が小さくて本来はバントを磨くことで『個』が生かされるような選手に『ウエイトトレーニングを一生懸命にしなさい』と言っても、その選手は輝かないだろうし、チーム内でもその選手の力は生きてこない。また、野手だからと言って、通り一辺倒の野手のメニューだけを与えても同じことが言えます。一人一人に適した練習を探し、それを示してあげることが大切だと思っています」

もちろん、チーム全体で守備や打撃に特化した練習をすることはある。守備力が落ちていると思えば、徹底的にその課題を一つ一つ潰していき、チームとしての守備の精度を上げることがある。打力を引き上げたいと思えば、バッティング練習に多くの時間を費やすこともある。しかし、佐々木監督は選手を育て、チーム力を上げるためのアプローチとして、あくまでもそれぞれの「個」に光を照らし続けるのだ。一人一人の特徴を生かし、力を底上げすることこそが、本当の意味でのチーム力になると信じている。

大谷もまた、高校時代は「個」を最大限に生かす指導を受けた。佐々木監督は言う。

「根本的な考えで言えば、大谷を成長させる方法は単純明快というか、シンプルです。彼にとっての肥料とは、たとえばバッティングでは打席数であったり経験数です。私たちがビニールハウスで一生懸命に水を与えたり、太陽の日を当てようとしなくても、外に置いておけば勝手に自分で雨を感じて水を貯め込んだり、日差しを感じて太陽のエネルギーを蓄えたりする。そして自然と強くなる。環境に順応して何かを感じ取り、自分の中に自然と力を蓄えていく。それが大谷だと思います」

ともすれば、指導者としては非常に扱いやすい選手とも言える。ただ、その器のサイズが、それまで見たことのないようなスケールだっただけに、佐々木監督は大谷の三年間を預かることになったときに武者震《むしゃぶる》いがするような感覚だったという。

「はじめは怖さしかなかったですね」

才能ある選手と出会った喜びはもちろんあった。ただそれ以上に、自らの指導によってその才能を潰してしまってはいけないという不安、そして恐怖にも似た感覚があった。佐々木監督は決して口にすることはなかったが、その事の重要性を、その責任の重さを十分に理解していた。

菊池雄星という存在

大谷の高校選びは、二〇〇九年の花巻東高校の甲子園での躍進が一つの決め手となった。菊池雄星（現・埼玉西武ライオンズ）を擁してセンバツで準優勝、夏の選手権大会で甲子園ベスト4に登り詰めたその年は、ちょうど大谷が高校の進学先を考えていた中学三年のときだ。大谷は言う。

「花巻東がちょうどそのときに甲子園に出て有名でもありましたし、あとは実際に練習を見に行ってすごく雰囲気がよくて、『ここでなら自分を伸ばしていけるんじゃないか』と思って選びました」

ほかにも選択肢はあった。岩手県内はもとより、他県のいくつかの強豪校からも熱視線を浴びた。大谷の父・徹さんが息子の中学時代を思い起こす。

「各高校のオープンスクールというものがあるんですが、翔平はその花巻東の学校見学から帰ってきて『練習スタイルがいい』ということを言っていました。他の学校にはない練習スタイルがあった、と。実際に花巻東へ行きたいと言ったときは、もちろん私たちも反対することはなかった。できれば県内の高校に入ってもらいたいという思いもありましたからね」

実際には菊池雄星と大谷が花巻東高校のグラウンドで同じ時間を共有することはなかっ

た。菊池が高校を卒業した年に大谷が入学するわけだが、両者が連なるように同じ紫色のユニフォームを着たという現実は見逃せない。たとえば、菊池雄星の出現から数年後に大谷が入学したとしたら、状況は変わっていたかもしれない。また、両者の入学する順番が逆だったとしたら、それぞれの人生は違うものになっていたかもしれない。もっと言えば、菊池雄星という大きな光がいなければ、大谷は花巻東高校に入学していなかったかもしれない。いくつもの可能性を考えると、すべてはタイミング、それぞれのパーツが必然のように引き寄せられ、無駄なく組み合わされたパズルのようだ。運命の糸に操られるように、菊池雄星と大谷がほぼ同時期に、同じ時代に岩手という地で、そして花巻東高校を舞台に高校時代を過ごした事実。それは佐々木監督にとっても感慨深いものがある。

「雄星たちの代の野球を大谷が中学三年生のときに見たことは大きかったと思います。岩手が野球で熱狂し、こんなにもみんなが一つになるんだということを、大谷は中学三年生で見て感じたわけですよね。もしかしたら、あの県内のフィーバーがなかったら大谷は他県の高校に行っていたかもしれない。すべては巡り合わせだったと思います」

監督の立場で言えば、菊池雄星を指導したノウハウがまったく色褪《いろあ》せることなく、たしかな熱として体に残ったままに大谷と出会えたことは幸運だった。

これまでの大谷は、高校やプロ野球の先輩にあたる菊池雄星に対して多くを語ってこなかった。ただ、語らずとも胸の内には、大きな輝きに包まれた菊地の姿がはっきりとある。

「中学三年生のときは、岩手県内で菊池雄星さんと言えばすごい選手。岩手県にもこんなにすごい選手がいるんだなって、岩手県からもこんな選手が出てくるんだなって、本当に驚いたのを覚えています。雄星さんのような選手って、僕は大阪や神奈川の激戦区などにいる選手だと思っていました。それが岩手県にいた。あれだけ注目される選手、怪物みたいな選手が岩手県から出たのを僕は見たことがなかったので、憧《あこが》れみたいなものはあったと思います」

中学時代の大谷は、自分がどれだけの選手なのか、わからなかったという。「全国にはもっとすごい選手がいるんだろうな」。自分の実力を推し量るチャンスがなかったし、その術《すべ》がなかった。だが、菊池雄星という全国レベルの投手を間近に見て思考が感化された。その存在自体が憧《あこが》れとなり指針となった。

ただ、自身がイメージしている以上に、大谷に秘められた可能性は大きかった。大谷を初めて見た佐々木監督は、菊池雄星に抱《いだ》いたような感覚を瞬時に持つことになる。

「大谷と出会う前は、正直なところ雄星のような素材と二度と出会わないと思っていました。岩手県内からあれだけの素材が出てくるのは最後だと思っていました。でも、あるとき、ウチの部長（流石裕之部長）がビデオを持って鼻息を荒くしてグラウンドに帰ってきましてね。『ダルビッシュ（有）みたいな投手が岩手にいます』と。私は『いるわけがないだろう』と言いながらも、中学生の大谷の映像を初めて見て、とにかくビックリしました。

とんでもない素材だな、と。とにかく身長が高くて、腕の振りがしなやか。素材としては間違いないと思いながら、ワクワクして映像を見たのを昨日のことのように思い出します」

　二〇〇九年のドラフト会議で六球団の競合の末にプロに巣立った菊池雄星と比べても遜色のない、いやそれ以上とも言える逸材と出会い、驚きを隠せなかった。高校生活での成長、さらにその先にある未来を想像すれば、大谷と出会えたことへの気持ちの昂《たかぶ》りはあった。だが、前述した通りに佐々木監督には逸材を預かる指導者としての重圧、希望をかき消すほどの「怖さ」があった。高校入学時点で１９０センチ近かった身長は、まだ成長段階にあった。そこに選手の育成を考えつつも、選手を見守る者としての悩みがあった。身長の高さは、ピッチャーの大谷にとって一つの武器となる。ただ、縦に伸び続ける体は成長の証である一方で、諸刃《もろは》の剣《つるぎ》のごとく、ちょっとした衝撃や過度の負荷によって大きな怪我につながる危険性をはらんでいるものだ。それだけに、佐々木監督は大谷の歩みを慎重に考えた。

「怪我の治療も大事ですが、今は『予防の時代』になっていると思います。他の選手も同じようにしますが、体がまだ縦に伸び続けていた大谷には、怪我をする前にと思って入学後すぐに体の検査をさせました。体の機能や症状を確認しながら、三年間の育成プランを考えようと思ったんです。すると、病院からは大谷の体には骨端線《こったんせん》（体の縦軸方向に関係する骨の先端付近の軟骨層）がまだ残っている、骨が成長段階にあると告げられました。

いたるところに骨端線が残っているので、過度なストレスはかけられないということだったので、ドクターやトレーナーと相談しながら三年間の育成方針とトレーニング内容を慎重に考えて進めることにしました」

もちろん、大谷だけを特別扱いするわけにはいかない。個人を手厚く育てるためにチームがあるわけではない。ただ、大谷の将来を考えれば、その可能性を失わせるわけにはいかないし、無駄にはできない。そのために、佐々木監督はチームと大谷のことを考え、互いにとってもっとも良いバランスを模索しながら、大谷を育てようと考えた。

誰もが認める能力だ。もしかしたら、入学直後から投手陣の核に据えて、大谷のピッチャーとしての経験値を高めてあげることが最善の育成法だったかもしれない。高校野球における「勝てる」ピッチャーに成り得たかもしれない。もっと言えば、それがチームのために、同じユニフォームを着る仲間のためになったかもしれない。勝利を目指すことは、チームを預かる者として当然のことであり、毎年のように「岩手から日本一」を目指す花巻東高校の監督としては「求めるべき」ものになる。

たとえそうだとしても、頭では理解していても、佐々木監督は「大谷の将来を犠牲にすることだけは絶対にあってはならないと思っていた」と言う。

「いずれ160キロが出る」

では、具体的な育成プランはどんなものだったのか。

佐々木監督が当時を振り返る。

「まだまだ身長が伸びている段階だったので過度なトレーニングや起用はできない。ピッチャーとしては入学直後から１３０キロ台中盤ぐらいの球速を出していたと思いますが、その時点でチーム内では一番に近いボールを投げていました。それだけに、試合で勝つことを考えれば、喉《のど》から手が出るほどに試合で使いたかったというのが本音です。手足が長く、特にリーチの長さはスピードボールを投げるための絶対条件。また、関節の可動域の広さ、股関節《こかんせつ》や肩甲骨《けんこうこつ》の柔らかさ。そういった親御さんから授かった要素をもともと持っていましたし、試合で投げれば、ある程度の結果はついてきたと思います。でも、入学間もない春先は投げさせることがありませんでした。まずは外野手をやらせて、しっかりと下半身を鍛えてからピッチャーに移行していこうと考えました。徐々に段階を踏んで、一歩一歩階段を登るように。エレベーターのように一気に上がると、逆に一気に落ちることもあるので、体の成長やピッチャーとしての成長、そして人間的な成長が、それぞれにゆっくりとした曲線を描きながら上がっていくように。体と心の育成をやっていこうと最初に決めました」

約二年半という高校野球のスパンを見据えた育成プラン。一年夏の県大会前までは、体力強化の目的もあってピッチングはさせなかった。一年春の花巻地区予選で四番として公式戦デビューしたように、野手一本で育てた。大谷はライトのポジションにつくことが多かったが、そこには佐々木監督のこんな狙いもあった。

「ライトというポジションはカバーリングが多いので、必然的に走る量が増えます。また、サードへの返球など、ほかのポジションよりも投げる距離が長い。体全体を使ってボールを投げられるという意味でもライトを守らせました。じつは、初めは内野のショートで使うプランもあったんです。実際に練習でショートを守らせると、すばらしい身のこなしをするんです。でも、彼の将来を考えれば、走る、投げるという要素を多く含んだ外野、特にライトを守らせたほうがいいという考えになりました」

たしかな計算のもとで大谷の育成は遂行されていくわけだが、その裏にはもう一つのプラン、言わば二年半の集大成とも言うべき壮大な目標が掲《かか》げられていた。

「いずれは160キロが出るよ」

佐々木監督が大谷にそう語りかけたのは、彼が入学直後のことだ。

「入学間もない大谷は、体重は63キロぐらいで体の線が細かった。ウエイトトレーニングをさせれば、20キロぐらいのシャフトでもフラフラしていました。ただ、逆に力がまだついていないなかで、あれだけのボールを投げられるんだと思うと、その状況に期待感が増したというか、大きな可能性を感じました。大谷が育っていった理由は、菊池雄星の存在があったからです。我々としては雄星という参考書で大谷を育てることができました。雄星は体重が20キロ増すなかでスピードが20キロ増した。これぐらいの筋力がついたら、これだけのスピードになるというザックリとした計算でしたが、普通に考えれば、いずれは大谷が160キロを出すと思えた。本人に夢を与えたわけではなく、決していい加減な目標ではなく、計算上では『160キロが出る』と私は確信しました。そのためにも、本人の思考の在り方として、『雄星さんのようになりたい』という考えは持たないようにと大谷に言いました。『誰かみたいになりたい』という考えでは、その人を上回ることはできない。『超えたい』と思わなければダメなんだということを言い続けました」

《実際に成功した人の足跡をたどる以外に、確実に成功する方法はない》

大谷二年時の学校案内パンフレットにあったその言葉に嘘はない。先人の歩みを敬い、その足跡を辿《たど》ることが成功への近道である。ただその成功法に加えて、佐々木監督は大谷に新たな発想力を、先人を超えようとする姿勢と意識を植えつけようとしたのだ。大谷に秘められた可能性は誰よりもわかっていた。ただ、実際に高校時点で160キロを出したピッチャーはそれまでいなかった。だからこそ、「誰かみたいになりたい」と思うのではなく、憧れの領域を「超えたい」という意識がなければいけない。佐々木監督は懇々《こんこん》と大谷にそう語り続けた。

「具体的な数値を与えることで人は目指すべきものが明確になります。大谷にとっては、160キロという数値が大きな目標になったと思いますし、その目標自体が大谷を引っ張ってくれたと思います。鮮《あざ》やかに具体的に、数値を与えてあげることは大事なことです」

夢は、夢のままで終わってしまう。淡い夢は、まるでシャボン玉のようだ。空に舞う美しさと輝きを持った虹色の円球は、一瞬にしてその形を消して空気に溶け込む。だが、夢をたしかな目標にすることで、そこに辿り着くイメージがはっきりと浮かび上がり、決して消えることのない目標に向かって、人は突き動くことができるものだと思う。佐々木監督はこうも言うのだ。

「目標には、そもそも数字がないといけない。また、計画がセットされていないと目標とは言えないと思います。学生時代の私は、そのことをまったくわかっていませんでした。ただ、指導者として多くのことを学ぶなかで、人を伸ばす仕組みが少しずつわかっていきました。選手たちには数値やライバルといった具体的な目標を持たせ、それを達成するための計画を立てるように言い続けています。そこでは書く作業が大切です。書き記しておくことで改めて見直す作業もできます。目標を達成するためには『書くこと』は欠かせない手順だと思っています」

「目標設定シート」に掲げた163キロ

花巻東高校には具体的な目標を一枚の用紙に書き込む『目標達成表』というものがある。これまで多くの媒体が紹介して今ではすっかりと馴染《なじ》み深いものになったかもしれないが、『目標設定シート』とも呼ばれるそれは、選手たちが入学後すぐに書くものだ。正方形の枠を大きく九つに分け、その一マスをさらに九分割した用紙には、目標や、その目標を達成するために必要とされる要素が細かく記されている。それは実際に一般企業が取り入れている人材育成のシステムやビジネス書を参考に佐々木監督が作り出したものだ。

「それは要するに人生の大きなライフプランのようなものです。将来的には何をやりたいのか。そのために何をしなければいけないのか。三年間の目標だったり、人生の目標だったり、その都度、オフシーズンの間だけマス目の言葉を修正したり加えたりすることもあります。ウチでは選手全員に書かせています」

用紙の中央に書かれた事柄が、その選手の大きな柱となる目標になっていくわけだが、大谷は一年時の目標設定シートの中央に「ドラフト1　8球団」と書いた。プロ野球のドラフト会議で8球団から1位指名されることを目指したのだ。そのために必要な要素として、九つのマス目の中央にあるその大きな目標を囲むように、「キレ」「コントロール」「体づくり」「メンタル」「人間性」「運」「変化球」といった七つの言葉を書き込んだ。たとえば、「運」という項目。そこには大谷のこんな意思が含まれている。

「ちゃんとした人間に、ちゃんとした成果が出てほしい。どの分野においても僕はそう思っています。真面目にやってきた人間が『てっぺん』にいくべきだと思っていますし、それなりの成果を出すべきだと思っています。本当の意味でのトップの人間とはそうあるべきだと僕は信じている。信じているからには、自分もそんなふうにやっていきたいという気持ちは今でもあります」

そしてもう一つ、大谷は『スピード　160キロ』という要素も書き込んでいる。

「最初は、160キロは無理な数字なんじゃないかと思っていました。ただ、周りの方々にずっと『いける』と言われていましたし、体を管理してくださるトレーナーさんにもそう言われていたので、いつしか勝手に160キロは『いけるのかな』と、その気になっていましたね」

ただ、これが大谷らしいと言えばそうなのだが、160キロを出すために本人は別の用紙に「163キロ」という目標数値を書いた。大谷は言う。

「160キロを目指していたら、158キロぐらいで終わっちゃう可能性があるので、目標数値は高めにしました。163キロを目指していたら160キロは出るだろうなという想定でいきました。実際に163キロを出していれば、もっとすごかったんですけどね」

佐々木監督は、大谷の思考の高さに驚いた。まだ入学したての15歳である。物事を掘り下げて考える能力と、発想の豊かさに、ただただ驚かされたという。

「もともとは、大谷も160キロという数字を自分では導けなかったと思います。だから、160キロを可能にするために、まずはその意識付けから始めました。そして目標を達成するために、それよりも少し高い数値を意識させようと思っていました。私の経験上、たとえば160キロという目標にすると実際には158キロぐらいになる。根拠があるわけではないですけど、目指したものよりもちょっと下の地点になってしまうことがあるものです。もちろん、掲げた目標をそのまま達成したり、その上の地点に辿り着くことはあると思いますが、多くは目指していたものよりも下になることが多い。『10』を目指していたとしたら『8』になることがある。私は本気で大谷が160キロを出すと思っていましたし、本人にはその数値を実際に伝えましたが、あとになって思ったんですよね。160キロではなく163キロと言うべきだった、と。『まずいな』と正直思ったのです。そこで本人を改めて呼んで『160キロは出る。そのために目標を163キロと書きなさい』と言いました。大谷は頷《うなず》いてその場を去ったのですが、実は私が言う前にすでに大谷は163キロと書いていました。私に言われるまでもなく……。ウエイトルームに貼ってあった『163キロ』と書かれた用紙を見て、私はビックリしましたね」

大谷を育て上げるために何が必要か

目標の実現化に向けた取り組みは、大谷だけのものではなかった。

佐々木監督も、大谷を育て上げるためには何が必要か、160キロの実現に向けて何が重要か、指導者として自らがやるべきことや考えを、選手たちと同じ目標設定シートに自身の言葉で書いた。たとえば、スピードアップへ向けては短い距離のランニングや体幹トレーニング。筋力を上げるための取り組みとしては、トレーニングの具体例やカルシウムや鉄分などを摂取する食事。また、160キロを目指す上では「リラックス」も大切だと書いた。

考え方の欄には、「本を与える」「人の生き方を話す」「アウトプットする」「感謝、お礼、謙虚」といった言葉を並べた。

技術力の向上と筋力の強化を求めながら、一人の選手、一人の人間としての成長も真剣に考えた。

「本人だけではなく、チームのみんなで大谷の成長を追いかけました」

花巻東高校硬式野球部のコンディショニングコーチである小菅智美（現在は花巻市内にある東北スポーツ整骨院の院長を兼務）も、トレーナーの観点から目標設定シートを作った。筋力の欄には「フルスクワット150キロ」や「レッグランジ140キロ」といった、

160キロを実現するために必要な取り組むべき内容を書いた。小菅トレーナーは言う。

「160キロが出るということはスタッフ全員の共通認識で、それに向かって大谷を育てようということで各自の立場で目標を設定して取り組んでいきました。おそらく速い球を投げるとか、力を球に伝える感覚はもともと大谷にはあったと思います。トレーナーの仕事としては、まずは筋肉量を上げる、体重を増やすこと。そこを意識して指導にあたりました。入学時の体重は60キロ台前半だったと思いますが、三年生には86キロぐらいまでに持っていこうと考えていました。実際に三年夏頃には83キロぐらいまでいって、体重に関しては、ある程度は思い描いた通りになったと思います」

また、野球部全体としての取り組みではあるが、オフシーズンに行なう「水泳トレーニング」も大谷の成長につながるものだった。

花巻東高校水泳部コーチであり、野球部の水泳指導を行なう佐藤順コーチは当時をこう振り返る。

「水泳トレーニングのきっかけは、菊池雄星投手が高校一年生のとき。ちょうどその頃、花巻東高校の水泳部には全国大会で活躍する三年生の選手がいまして、彼の練習法や肩甲骨を柔らかくするためのストレッチを佐々木先生が見て『野球部にも取り入れたい』と相談されたのが始まりです」

岩手県の内陸部に位置する花巻市は、十二月から三月にかけては黒土がほとんど見えない。豪雪地帯とまではいかないが、東北の冬景色そのままに白銀の世界が広がる。外気は冷たく、日中でも氷点下になることもある。ひと昔前の高校野球は通り一辺の練習が主流だった。冬の季節感を雪とともに身を持って感じる東北地区では、冬ともなれば長靴を履《は》いてランニングをしたり、雪上でラグビーやサッカーをして下半身を鍛えるトレーニングをしたものだ。室内練習場が完備されている高校なら、屋内でのティーバッティングやウエイトトレーニングに多くの時間を費やすことができただろうし、体育館を使ったトレーニングをする学校もあった。だが、いずれもが限られた練習メニューである。

その状況を変えたのが、二〇〇七年から始めた水泳トレーニング。花巻東高校はいち早く、泳ぎから得る土台作りやスタミナ作りを野球の練習に取り入れた。

十一月から三月にかけて行われたトレーニングは火曜日と木曜日の週二回。基本的には午後七時から八時半までの一時間半。毎年のことではあるが、ピッチャー陣には泳ぎを不得意とする選手がいるし、根っからのカナヅチもいる。まずは全体で「泳げるようになる」ところから整えて、本格的なトレーニングに入っていくのだという。佐藤コーチは高校入学当初の大谷をこう話す。

「手足が長く、泳ぐことに関しては何も問題がなかったですね。入学時から四泳法はすべて泳げましたし、特に自由形は上手でしたね。手足が長いので、かき始めから終わりまで、しっかりと水を運べるのでクロールは速いなあと感じました。泳ぎがうまいなという印象。

ただ、飛び込みをさせると、最初はお腹から飛び込むような、言ってみれば『素人のような』飛び込みでした。同級生の一人に水泳経験者がいて、そのキレイな飛び込みをする彼を見本にやってみようと彼に言いました。すると、大谷選手はすぐに経験者と同じような飛び込みをしてみせました。その姿を見て、やっぱり違うな、すごいんだなと思ったのをよく覚えています」

という。

肩回りの可動域の広さや肩関節の柔軟性についても、最初から目を見張るものがあった

「そこに関しては、こちらが教えることがないぐらいでした。肩甲骨の柔軟に関して、彼自身が勉強もしているんだなと感じました」

水泳トレーニングを進めていく過程で、佐藤コーチの目には大谷の伸び幅はどう映っただろか。

「大谷選手がどうとらえたかはわかりませんが、泳ぐスピードや泳ぐ姿勢は、一年生のときよりも二年生のほうが確実によかったですし、水泳トレーニングはかなり効果があったと思います。こちらが教えると、それぞれの泳ぎが明らかにキレイになりましたので本当に吸収が早い選手だなあと思いました。また、大谷選手は一切の文句も言わずに水泳トレーニングをやっていました。トレーニング自体は相当にきつかったと思いますが、弱音を吐いたことがなかった。むしろ『もっとやってやろう』という雰囲気。それは野球でも同

じで、彼は野球のためのトレーニングの一つが水泳トレーニングだと位置付けていたので、ものすごく前向きに取り組んでいました」

大谷の成長を邪魔しないこと

ふとした時、佐々木監督は人間の「器の大きさ」について考えることがある。

庭いじりから始まった佐々木監督の趣味は盆栽へと変わった。今では「石」にも惹きつけられるのだが、同じように盆栽の奥深さに魅了されている。もともと植物に興味があったわけではなかった。心の安らぎも求めるなかで、土に触れ、言葉はなくとも何かを語りかけてくるような盆栽の姿に何となく惹かれていった。

盆栽は、語りかける。そして、教えてくれる。盆栽を通して改めて気づかされたこともあったという。

佐々木監督は、秋になれば黄葉するイチョウの木が好きだ。ある日、父親から小さな植木鉢に入ったイチョウをもらったことがあった。

「本当は庭に植えるような大きなイチョウが欲しかったんです。でもそのとき、オヤジに言われましてね。小さな植木鉢に入ったイチョウも、庭に植え替えたら大きく育つんだ、と」

その時点で植物についての知識がさほどなかった佐々木監督にとって、それは衝撃の事実だった。それまでは、小さなものは小さいまま、植木鉢用の小さな苗木があるものだと思っていたのだ。植物や盆栽に興味がない人なら、それは当然の考えかもしれない。だが、現実は違った。佐々木監督が照れくさそうに語る。

「器の大きさによって、木の大きさが変わることを、そのときに初めて知りました。そして、それは指導にも通ずるものがあると気づかされました。器を大きくしてあげれば、それまでの選手にしか育たない、と。ある選手には段階を踏みながら、器の大きさを変えてあげることも必要だと感じました」

器の大切さを知った佐々木監督は、盆栽についてさらに知りたくなり本屋へ走って盆栽に関する本を買った。目に止まったのは、針金を使って成長する枝を矯正しながら見栄えよく綺麗《きれい》に、商品価値が出るように作り上げられた盆栽の写真だった。そこでも、気づきがあった。

「今、世の中では自主性だとか、自由だとかよく言われていますよね。もちろん、子供たちが自らの考えのもとで行動することは大切なことです。でもやっぱり、子供の時期は、ある程度の矯正も必要なんだと、盆栽を通して感じました」

何の手も加えない、ありのままの素材にこそ独特の美しさがあり、味が出るものもある。それこそが個性と言うのかもしれないが、肉体的にも精神的にも本当の意味で成熟していない時期というのは、大人が軌道修正し、道を示してあげることも必要な場合がある。わずかに手を加えることで、それまで見えていなかった個性が輝き出すこともあるものだ。

佐々木監督はそのことを知った。

「指導者というのは、時には何かを与えて選手の力を引っ張ってあげることも必要だと思います。大谷の場合もそうでした。160キロという数字を可能にするために、まずはその意識付けから始めました。要するに、大きな器を与えてみたのです」

ただ、時が来れば、矯正を外してあげることも必要になる。

「あるとき、盆栽の先生に言われたことがあります。手塩にかけて育てた盆栽に絡まっている針金が、今は成長を邪魔している、と。針金があるばかりに、縛りつけられている枝が成長を止められている、と。ある程度のタイミングで、矯正していた針金を外してあげないといけない。指導もそうだなと、私はつくづく思いました」

タイミングを逃さないためにも、いつも気にかけたり、見守ってあげることが大切なんだ。佐々木監督は改めて指導における大切なものを勉強させられたような気がしたという。

「ただ、大谷の場合は、初めこそ大きな器を用意してあげましたが、針金をかけることもなく勝手に育っていきました。彼にとって大事だったことは、こちらが邪魔をしないこと。針金をかけないことなんです。大谷が持つもともとの器が大き過ぎて、私が『かけられなかった』と言うほうが正しいかもしれませんが」

佐々木監督はそう言って相好を崩すのだ。

三年夏に訪れた歴史的瞬間

二〇一二年、七月。

大谷は三年夏の岩手県大会で、自身が追い求めた球速である「160キロ」を記録した。夏に限って言えば、初めてエースナンバーを背負って挑んだ大会だ。満を持して先発マウンドに上がった一関学院との準決勝で、その瞬間は訪れた。大谷はサラッと振り返る。

「投げた瞬間は（スピード）ガンの表示は見なかったのでわかりませんでした。高校最後の大会ですしね、ランナーを背負っていたので普通に抑えられてよかったなあという感じでしたね」

チームの勝利が最優先だった。そのときの大谷にとって球速は関係なかった。ベンチに戻り、チームメイトの一人から球速の話をされて初めて160キロの事実を知ることになるのだが、それよりも優先すべきはチームを甲子園に導くこと。ピッチャーとして、バッターとして、すべての力をそのために注ぎたい。それが本心だった。

大谷とは、そういうプレイヤーであり人間なのだ。佐々木監督には、彼の高校時代で忘れられない試合がある。

「大谷翔平を一言で表すシーンと言えば、三年春の県大会でのバッティングです。相手チームの大東《だいとう》高校は、大谷が打席に立ったときに長打を警戒して三塁手が外野へ回って外野四人シフトを敷きました。その状況でも大谷は大振りすることなく、まるでトスバッティングのように、がら空きのサード方向へ打ちました。我を出して自分のバッティングをするのではなく『（サードのスペースが）空いているならそこに打てばいいんでしょ』というようなバッティングでヒット（記録はショート内野安打）を打ちました。自分のパフォーマンスだけを見せたいと思っている選手ならば、四人シフトの外野の頭上を越してやろうと思うはず。試合展開も点差が広がっていたので、ある意味では思い切り打ちにいっても良い場面でした。でも、私が指示を出したわけでもないのに、彼は広い視野を持って、ムキになることがなかった。その姿こそが、大谷翔平だと思います。大谷が持つ、いろんな意味での『柔らかさ』であったり『しなやかさ』、または『チームの勝利のために』という姿勢。それらすべてを、あの打席は表現していたと思います」

三年夏の県大会準決勝で勝利投手となった大谷は、甲子園にまた一歩近づいたことを喜んだ。

「試合が終わってからマスコミの方が騒いでいたので、自分が思っていた以上に（160キロの）反響が大きかったなという感じです」

すでにその時点で、大谷の見据える先はさらに遠くにあっただろうか。ピッチャーとしての自分でも知り得ない可能性を、無意識のうちに感じ取っていたのかもしれない。ただ、現実として高校野球史上、さらに言えばアマチュア史上初となる160キロの大台到達だ。

夏の日差しが眩しかった盛岡市三ツ割《みつわり》にある岩手県営野球場。そのマウンドで、大谷は立ち上がりから内蔵されたエンジンを思い切りよくふかした。初回は1点を失ったが、150キロ超えのストレートを連発し、最速で156キロをマークした。二回以降も毎イニングで150キロ超え。そして6回表だ。まるでギアを徐々に上げていくように、イニングを重ねるごとにピッチングの状態が上向いていくなかで迎えた中盤。先頭打者のセンター前ヒットを皮切りに二死二、三塁とピンチを背負うと、大谷の本能にスイッチが入った。左打席に立つ一関学院のエースにして五番の鈴木匡哉に対し、初球はアウトコース低めへのストレートだった。157キロである。その時点での大谷の自己最速だった。ただ、その一球はその後に訪れる歴史的な瞬間の序章に過ぎなかった。150キロ台のストレートだけで押し込むピッチングで、四球目には159キロを計測した。

夏の空気が、スタンドに広がる高揚感によってさらに熱されていった。

六球目、その瞬間は訪れた。完璧なコントロールだ。左打者の膝元いっぱいに、重力に逆らうような軌道を描いて、160キロのストレートが捕手・佐々木隆貴のキャッチャーミットに吸い込まれた。

見逃しの三振である。歴史的な一球を受け止めた女房役が残した、かつての言葉を思い出す。

「初球を見て、下手に変化球を投げて打たれるよりはストレート勝負でいいと思いました。たぶん翔平もそう思ったんじゃないですかね。最後の球は一瞬、ちょっと低いかなと思いました。いつもなら『低いな』と思えば、やっぱり低いんです。ボール球になる。でもなぜか、あのときは伸び続けて最後にクッと来た。体感としては、159キロのほうが速く感じたんですが、最後のストレートは球速に関係なくボールの質が違いました」

佐々木隆貴は、大谷のリリースポイントによってコースや高さが、ある程度はわかった。

「投げる瞬間の右手の角度で判断していた」と言うが、160キロのときだけは見立てとは違った。それまで受けたことのない最高の一球。イメージをはるかに超えるストレートだったのである。

大谷とともに160キロを追い求めた佐々木監督は言う。

「前の試合でも、154キロとか155キロを二回ぐらい出していたんです。それはファールでの球速だったので、打球のスピードを拾ってしまったのかなあと思っていました。でも、準決勝のあの瞬間。150キロ台のストレートの球速表示がどんどん上がっていったなかで160キロ。その数字自体に大きな驚きはありませんでしたが、思い描いていた高校の道筋と違うなかで160キロを出してしまったところに、私は大谷の能力の高さを改めて感じたものでした」

「悔しさしかなかった」出来事

解き放つ光が大きければ大きいほどに、その裏にある影の部分や苦悩は透けてしまう。ただ、たとえ大きな栄光を手にした人間でも、必ずと言っていいほどに、その人生には光と影があるものだ。

大谷にも「悔しさしかなかった」経験がある。歩んできた道は、すべてが順風満帆な平坦なものではなかった。

入学から育成プランを練り、細心の予防とケアをしてきたつもりだったが、二年夏の岩手県大会直前に骨端線損傷という怪我《けが》と直面した。二〇一一年の六月末のことだ。夏の県大会を見据えた練習試合。週末を利用し、花巻東高校のグラウンドで行われた二日間にわたる夏の準決勝と決勝をイメージした試合で、大谷には当初、連投する感覚を養わせるつもりだった。佐々木監督の記憶によれば「二日目の試合」でのマウンド。左足を痛がる素振りを見せた大谷は、そのままバックネット裏の小部屋に消えた。左足に痛みを感じた直後、そしてその年の夏の甲子園に出場したときまでは、患部の痛みは肉離れによるものだと思われていた。実際、初診では肉離れと判断されて、入学時に残っていた骨端線による痛みだとは本人も含めて誰もが思わなかった。しかし、甲子園での戦いが終わってから詳しい検査をしてみると、想像以上に重い怪我だったことがわかったのだ。大谷は言う。

「大きな怪我は初めてでしたし、夏の大会直前ということもあって、やっぱり悔しかったですね」

高校時代の唯一にして最大の怪我に対して「大谷には申し訳ないことをした」と言う佐々木監督はいまだに悔やむ。

「慎重にレントゲンも撮って、過度のトレーニングもさせないなかで細心の注意を払っていたんですが……。高校時代がピークではないと正直思っていて、じっくりと育てていたところでの怪我だったので私自身も大きなショックでした。特にピッチャーですからね、肩肘に関してはだいぶ気にかけていました。ただ、まさか股関節というのは想像していませんでした。私の配慮も足りなかったと思いますが、私自身も計算外の怪我で、その後は本当に悩みました」

開脚することすらままならない状態で、全力疾走なんてもってのほかだ。ピッチャーの動作に関しても、本来の動きからはほど遠いものだった。

小菅トレーナーのもと、怪我の状態を慎重に見極めながら股関節部分のトレーニングを徐々に取り入れていった。まずは下半身を安定させることが何よりも大事だった。

大谷二年の秋季東北大会。夏の甲子園から約六十日が経ったその大会で、大谷は甲子園後初めて公式戦でのスタメン出場を果たした。学法福島との準々決勝である。1点を追う8回裏、イニングの先頭となった大谷のライト前ヒットが同点の足掛かりとなった。勢いづくチームは、その試合をサヨナラでものにする。

翌年のセンバツ出場がかかった大会だ。秋の公式戦は、あくまでもセンバツ出場校を決める参考資料という位置付けだが、実質はその結果こそが春の聖地を踏む大きな条件となる。東北地区の場合、例年なら二つの出場枠がある。つまりは、東北大会での優勝校と準優勝校がセンバツ出場の当確ランプを灯《とも》すのだ。

大一番となった準決勝の相手は、田村龍弘（現・千葉ロッテ）や北条史也（現・阪神）といった強力スラッガーを擁する青森県の光星学院（現・八戸学院光星）だった。大谷は三番・レフトでスタメン出場を果たした。1回裏は、六番・田中大樹の満塁弾の呼び水となる左中間への二塁打を放った。2回裏は右越えの二塁打。バットでチームを鼓舞した。その後、試合は終盤までもつれる。9回表に1点を勝ち越された花巻東高校は、8対9の1点差で最終回を迎えた。先頭で左打席に立った大谷は、カウント2ボールからの3球目を狙い澄まして振り抜いた。打球がこまちスタジアム（秋田県）の上空に高々と舞う。右翼ポールのはるか上を通過した大飛球だ。その行方を審判も見失うほどだったが、そのまま打球は場外へ消えていった。大谷は珍しく右腕を突き上げた。ボールをとらえた感触、打球の軌道から咄嗟《とっさ》に出たガッツポーズだった。「勝負どころ」だとわかっていたからこその、意図的なアピールだったかもしれない。だが、判定はファール……。結局、その五打席目はフォアボールとなり、チームは敗れた。センバツ出場を手繰《たぐ》り寄せたかった準決勝で佐々木監督は苦渋の選択を強いられた。

「夏の甲子園が終わってから関東の病院へ行き、大谷の怪我を改めて診察してもらいました。そこで骨端線の損傷だと判明して、その後はドクターやトレーナーと話をしながら、練習メニューや試合での起用法を決めていきました。そのなかで、秋の大会は代打での起用を考えていました。一試合一打席だけの出場です。代打で敬遠も考えられたので、一、二塁の場面か満塁のケースでしか出せない。そこまでのゲームプランを持ち、出場させるタイミングを計りながら大会に挑みました。ただ、準々決勝、そしてセンバツ出場がかかった光星学院戦だけは、野手として一試合出られるということをドクターとトレーナーに確認してスタメンで使うことにしました。そのときですね、初めて大谷のお父さんと話をさせてもらったのは。それまでは一度も会話をしたことがなかったのですが、将来のある大事な選手でしたので、スタメンで起用することを大谷のご両親にも了解していただきたいと思って連絡をさせてもらいました。するとお父さんはこう言うんです。監督に（息子を）預けたから好きなように使ってほしい、と。その言葉に、私は感謝の思いしかありませんでした。

準決勝は、試合終盤（2点リードで迎えた8回表）に大谷が投げれば勝てるかもしれないというゲーム展開になりました。敗れた直後に周りの方からは『何で大谷を投げさせなかったのか』と言われることもありましたが、私は彼をマウンドに送ることはありませんでした。秋の時点ではピッチャーとして使わない。そのことは、チームのみんなで決めたことでもありましたし、私自身も将来のある大谷をそこで投げさせてはいけないと思いました。本音を言えば、センバツ出場が見えたあの場面でピッチャーとして使いたかったという思いは少しはあります。のちに周りから聞こえてきた話ですが、大谷自身は投げたかったみたいですが……。でも、私は我慢した。大谷のゴールはここではない。翌年夏のチームの勝利のためにも、ここで大谷を壊すわけにはいかない。私は自分に言い聞かせるように、そう思いました」

「二刀流」の発端

結局は、秋季東北大会を制した光星学院が明治神宮大会でも優勝し、東北地区に「神宮枠」がもたらされて花巻東高校はセンバツ出場を果たすことになるのだが、夏から秋にかけて、そして厳しい冬が待っているオフシーズン、大谷は周囲のサポートを受けながら我慢の時期を過ごした。大谷が当時を語る。

「その時期は、辛いと思ったことはありませんでしたが、やるべきことは多かったですね。センバツ出場の可能性もあったので、それまでにはしっかりと良い状態でプレイできるようにしたいと思って冬は過ごしていました」

怪我の功名と言うべきか。大谷のバッティングの技量が飛躍的に伸びたのは、その時期だった。佐々木監督は言う。

「怪我をした直後もそうでしたが、バッティングのときは痛みを感じないということで、冬はバッティング練習に費やす時間が多かった。もともとバッティングの力を持っていたので、そのことがすべてではないと思いますが、冬のオフシーズンを経て大谷のバッティングは一気によくなりました」

さらに、感慨深くこう続ける。

「大谷本人もそうだったと思いますが、その時点では『ピッチャー・大谷翔平』の意識しか私にはなかった。もしかしたら、ピッチャーとして三年間、順当にいっていれば『バッター・大谷翔平』があそこまでのものになっていなかったかもしれない。技術もそうですが、バッターに対する意識も含めて。怪我をしたこと自体は決していいとは言えません。ただ、本人の野球人生においては、あそこで怪我をしたことがその後の未来を変えたと言ってもいいかもしれません。ピッチャーを意識するなかで、二〇一二年のセンバツ大会前のバッティングを見たときは『こんなに打球が飛ぶのか』と思うぐらい、果てしなくボールを飛ばしていた。あの期間の練習というのは『バッター・大谷翔平』の基礎をつくるには大事な期間だったと思います」

バッティングと並行して、飛躍的に変化したものがもう一つあった。

体重である。「変化した」というよりは、意識的に「変化させた」と言ったほうが正しい。高校入学時点での体重60キロ台前半の数値が示す通り、もともとは体の線が細かく、食も細かった。大谷はニンマリと笑って当時の食事をこう振り返る。

「朝からすごく食べていましたね。寮でおにぎりを自分で作って学校に持っていって食べたり。お弁当も出るんですけど、練習前にもご飯を食べたり。それは辛かったですね、やっぱり」

運動量が減ったなかで食事の量が増えた。大谷は「自分は太れない体質だと思っていたんですけど、ブクブクと体重が増えた」とも言う。今の精悍《せいかん》な顔立ちからは想像しにくいかもしれないが、まるで大柄な子供の少年時代のように、極端に言えばまん丸な顔に。気づけば、体重は90キロ台に。20キロ以上も少なかった入学当初の面影は、そこにはなかった。また、佐々木監督はこう言う。

「骨端線を損傷していましたので、その時期はとにかく睡眠が大事だということで早めに練習を終わらせて睡眠を多くとらせました。寝ることでホルモンの分泌を遅らせるために。主力メンバーなど多くの選手が寝泊りする第一寮ではなく、静かな第二寮に移して早めに寝かせました。今振り返れば、ピンチがチャンスになったというか、最終的に160キロを出すことができたのも、あの時にゆっくりと休んで、しっかりと体ができたからこそ。体の大きな変化は160キロと無関係ではなかったかもしれないと思うんです」

それらの事実を総合して考えると、こんな仮説が生まれる。

怪我を乗り越え、多くの時間をバッティング練習に費やし、体重が飛躍的に増えた高校二年から三年にかけての冬の時期がなければ、その後の「二刀流」はなかった——。

奇しくも、眠っていた才能を呼び覚まし、もともとの技術を進化させたそのオフシーズンがあったからこそ、投打における大谷の礎が築かれたと言っても言い過ぎではないと思う。

東日本大震災を経て

花巻東高校での三年間は、選手そして人間として、大谷を成長させてくれるものばかりだった。

悲しい経験も味わった。二年生になる直前の東日本大震災。二〇一一年三月十一日に発生した未曽有《みぞう》の出来事は、岩手県で生まれ育った大谷にとって忘れられないものである。

大谷は語る。

「練習中に、ものすごく大きな揺れがありました。そのときは、どれぐらいの規模の地震なのかわかりませんでしたが、ああいうことになるとはまったく想像できませんでした」

花巻東高校がある花巻市は、太平洋を望む岩手県の沿岸地域から車で約二時間離れた内陸地域だ。一度目の巨大な揺れが起きたとき、野球部の寮は停電し、学校の校舎一部にはヒビが入った。大谷を含む選手たちは室内で行なわれていた練習の手を止めて、すぐに避難した。大谷は地震発生直後に家族と連絡が取れた。だが、部員のなかには沿岸地域の出身者が多くいる。自宅を流された者もいた。大谷は言う。

「家族と連絡が取れない仲間もたくさんいました。安否がわからなくて不安だったと思いますし、すべてがなかなか前に進まない状況が続きました」

震災発生から二日が経った三月十三日。佐々木監督は居ても立ってもいられなくなり、部員の家族の安否を確認するために沿岸地域へ車を走らせた。示し合わずとも自然と集まったスタッフも加えて、水やパンなどの食料品をバスに詰めるだけ詰め込んでハンドルを握った。普段なら沿岸地域へ向かう際に使用する道路は、内陸部の遠野《とおの》市付近で通行止めになっていた。ならばと、獣道《けものみち》のような、対向車線もないような遠野市と沿岸を結ぶ笛吹《ふえふき》峠を使って走り続けた。峠を登りきって視界が開けると、かすかに海が見えた。佐々木監督の言葉だ。

「今思えば、反省しなければいけない行動だったかもしれない。沿岸へ向かう道中では余震が続いて、津波警報のサイレンが鳴り続いていました。そんな場所へ生徒を連れていくことで二次災害になるんじゃないかと、当時も何度となく思いました。でも、あのときは咄嗟《とっさ》の判断でした。自分が生徒の立場ならば、実家にいる家族が心配でたまらない。そう思ったら、自然と学校へ向かっていました。野球部の寮では親の安否を心配する生徒たちが心配そうな表情を浮かべている。そんな姿を見て学校のバスに乗り込みました」

バスには大谷とバッテリーを組む佐々木隆貴も乗っていた。県内でも津波の被害が極めて大きかった岩手県大槌《おおつち》町出身の佐々木隆貴は、海が見えた瞬間に生まれ育った町に煙が上がっている様子を目にした。その絶望的な光景に「覚悟」するほかなかった。峠を下ると、再び道路が寸断されていた。そこからは、車から降りて佐々木監督とともに避難所を目指してひたすら走ったが、辿り着いた場所には両親の姿がなかった。それでも、各地の避難所を回っている最中に実家の近所に住んでいた一人に声をかけられた。

「隆貴くんだよね？　お父さんとお母さんは大丈夫だよ、逃げたよ」

生きていてくれた——。佐々木隆貴は、かけられた言葉を噛《か》みしめた。

大谷にとっても、震災の記憶が消えることはない。

「隆貴は、野球部を辞める、辞めないというところまでいきました。それでも最後まで頑張った。本人はもちろん大変だったと思いますし、個人個人で野球どころじゃないという仲間もいたと思います。でも、最後までみんなが辞めることなくできた。そのことは本当によかったと思います」

多感な時期に直面した現実は、高校生の心に深い闇をもたらした。ただ一方で、生きるとは何か、死とは何かを真剣に考え、「生かされる人生」の重みをそれぞれに感じた。

佐々木監督は言うのだ。

「家を流され、家族を失った方々がたくさんいたあの震災で、それぞれが感じたことはありました。それは大谷も同じだったと思います」

震災を経て、ここで頑張ろう、みんなで頑張ろうという絆がより深まった。チーム内の「仲間意識や団結力というものが、翔平を含めてより増していったと思います」と言うのは大谷の父である徹さんだ。大谷には、その意識が今でも生き続くのである。

日本一の景色は遠く

全国の舞台では一度も勝てなかった。

「僕は甲子園で一回も勝ったことがなかったので、勝ってみたかったというのは今でも思いますね」

怪我を押して挑んだ二年夏は、「万全の状態で投げられないとわかっていた」が、帝京（東東京）との一回戦で二番手としてマウンドに上がった。左足の痛みを少しでも和らげるために、ステップ幅を通常よりも約一足分縮めて、ほぼ上体の力だけで投げた。150キロを計測したが、実力からはほど遠いピッチングで、チームも初戦敗退となった。

翌二〇一二年の三年春のセンバツでは、大阪桐蔭と一回戦でぶつかった。藤浪晋太郎

（現・阪神）と投げ合い、打っては自身よりも身長が四センチ高い右腕から右中間へソロ本塁打を放った。だがその時点でも、大谷は苦しみの渦中にいた。怪我の影響は残ったままで、実戦マウンドの感覚が戻らずに臨んだピッチングだった。その年の甲子園で春夏連覇を成し遂げることになる大阪桐蔭に打ち込まれ、前年夏に引き続いて初戦で姿を消した。

大谷にとっての甲子園は悔しい思い出しかない。

「負けた思い出、悔しい思い出しかない」

勝てなかった。満足できるものは何一つなかった。全国の舞台は、まるで絡み合う鎖のように体から離れようとしない苦しみとともにあった。

そして、三年夏。三度目の正直とばかりに甲子園での勝利を目指した高校最後の夏は、そのチャンスすらつかめなかった。悔し涙に暮れた岩手県大会決勝を思い出しながら、大谷はこう振り返るのだ。

「最後は甲子園に行くもんだと思って頑張っていたので、最後の最後に負けたのは悔しかったですね。決勝で負けたときは、初めは実感がなかった。『もう終わりなのかな……』って。何日か経って、僕ら三年生の練習はある程度の区切りというか、二年生が主体の練習になっていく。毎日毎日練習をしてきて、いきなり練習がなくなるのを実感すると『ああ、終わったのかな』と思いましたけど」

母の加代子さんは決勝直後の息子の様子をはっきりと覚えている。

「翔平は、基本的には電話が好きじゃない子で連絡をこまめにしてくるタイプではありません。寮生活でしたし、普段の連絡はメールでのやり取りでしたけど、決勝が終わってから何かの用事で高校へ行って話をしたとき、本人はだいぶ落ち込んでいました。その後、高校ジャパン（第25回ＩＢＡＦ　18Ｕ世界野球選手権大会）に選んでいただいて、そのあたりからは目標というか、何か見えたものがあったみたいで『頑張らなきゃ』と言っていましたが、夏の大会直後は本当に珍しく次の目標がなくなってしまったように落ち込んでいましたね」

大事な試合で勝ち切れなかった高校時代。「日本一の景色」という太字を書き込んだ紙を寮の壁に貼り、その高校野球の頂《いただき》を目指したが山頂は最後まで果てしなく遠い存在のままだった。

それでも僕は思うのだ。日本一を目指したこと、そのための取り組みは間違っていなかった、と。大谷自身もそう信じている。

高校時代に勝ち切れなかった現実は、大谷の人生に何を残したのか。佐々木監督はこう見ている。

「私は、日本一の素材を預けてもらったと思っています。でも、最後まで私はピッチャーとして勝つ投手にできなかった。ボールが速いピッチャーにはできましたが、勝つ投手にはさせられなかった。彼が入学してきて、何とか岩手の選手で日本一になると思ってやっていましたが、それも叶わなかった。ただ、大谷は負けを経験して、選手としても人間としても鍛えられたと思います。その先にまた、彼の物語ができたというか。

人は成功体験があると、なかなかその成功体験から抜け出せないことがあるものです。花巻東高校としては悔しさを味わい、本当の意味での喜びを分かち合うことができませんでしたが、負けて傷つき、勝てずに苦労した経験は、彼の人生を考えればプラスになったと思っています」

18歳の決断

高校野球を終えた大谷には、苦悩の日々が待っていた。人生の岐路と言っては、あまりにも酷《こく》かもしれないが、それだけ重い、「18歳の決断」がそこにはあった。

右手の人差し指と中指で無機質な机を何度も弾く。その姿は好きな楽曲を指に乗せ、リズミカルに音を刻んでいるようにも見えた。指先の感覚を確認するために、あるいは養うために二本の指を平面に押しつける動きは、大谷の普段からあるごく自然な習慣だった。ふとした時に、何気ない時に、指先の皮膚から伝わる感触を確かめるのだ。そのときも、僕は彼のいつものクセだと思った。もしかしたら、好きな歌詞を心で刻んで楽曲を楽しんでいただけかもしれない、と。

だが、制服姿で椅子《いす》に腰かけ、ほぼ口を開かずにどこか一点を見つめるその姿は、普段とは明らかに違った。険しさと、少しばかりの苛立《いらだ》ちが混ざったような表情を見る限り、そのとき、大谷が直面していた状況を考えればなおさら、僕には指先の動きは迷走を続ける心の動揺を映し出しているように思えてならなかった。

二〇一二年の九月十九日。高校三年生の大谷はプロ志望届を岩手県高野連に提出した。プロ野球に進むべきか、それともメジャーへ挑戦するべきか。二者択一の選択を続けていた大谷は、十月に入っても答えを出せずに悩んでいた。指先で机を弾く仕草を見たのは、その答えを導き出せずに複雑な思いが交錯していた十月中旬のことだ。

その数日後の十月二十一日、大谷は「最初（高校卒業後すぐ）から行きたい夢がある」と言い、自らの意思のもとで揺れ動く心を一度は止めた。「大谷メジャー挑戦」の大見出しとともに、各スポーツ紙が大谷の決断を報じたのはドラフト会議の四日前のことだった。

ドラフト1位候補と呼ばれる日本の高校生が、プロ野球を経由せずにメジャー球団と契約した前例はなく、大谷の〝最初の決断〟は大きな反響を呼んだ。その思いに至ったのには、ある人物の存在が少なからず影響していた。

当時、メジャー球団の一つであるロサンゼルス・ドジャースの日本担当スカウトを務めていた小島圭市である。東海大高輪台高校から一九八六年のオフにドラフト外で巨人に入団した小島は、プロ六年目の九二年に三勝を挙げた左投げのピッチャーだった。腰痛で二軍暮らしが続いた九四年のオフに巨人を退団。のちに左肘の靭帯《じんたい》を再建するトミー・ジョン手術を受け、アメリカでのリハビリ期間を経てテキサス・レンジャーズと契約を交わしてマイナーリーグから復帰を目指した。そして日本球界に復帰した九八年は中日で、九九年は台湾プロ野球でプレイしたのちにメジャーのスカウトに転身した。現在はアリゾナ・ダイヤモンドバックスの顧問、平たく言えば「アドバイザー」の肩書を持ちながら、都内でスポーツ人材育成事業やコンサルティング事業などを手掛ける会社の代表を務める小島は、当時はドジャースのスカウトとして岩手県に何度も足を運んだ人物だ。

大谷が重い口を少しずつ開く。

「僕がもっと上（高いレベル）に行けるんじゃないかと思ったきっかけを作ってくれたのが小島さんであることは事実です。メジャー云々《うんぬん》ではなくて、小島さんは一年生のときなんて全国でも有名ではなかった僕の可能性を見出してくれた方。感謝しかありません。自分の可能性を見出してくれた人に対して、『もっとよくなっている姿を見せたい』と思うのは普通のことじゃないですか。それは、最初は両親なんだろうし。子供が言葉を話せるようになって親を喜ばせたいと思うのと一緒。立って、そして走っている姿を親に見てもらって喜んでもらいたいと思うのと同じ感じだと思うんです。僕には、最初に可能性を見出してくれた人に、自分がもっとよくなっているところを見てもらいたいという気持ちしかなかったです」

大谷が花巻東高校に入学してすぐに、その溢れる才能をいち早く感じ取ったのが小島だった。

「一年夏の県大会で143キロを投げたときに『あれっ？　これだけ出るんだ』と思って、少しは自分の力を感じましたが、それまでは本当に自分がどれだけの選手かわからなかった。そういうなかで、小島さんが『すげぇ』と言っているのを聞いたのは、一年の夏前です。頑張れば、もうちょっと行けるのかな。じゃあ、頑張ろうかなって。小島さんの言葉を知ってからそう思うようになりました」

大谷がさらに言葉を加える。

「日本のプロ野球は12球団あって、ドラフトではだいたい七巡目ぐらいまで指名するじゃないですか。そうすると、社会人や大学生を含めてトータルでだいたい八十人ぐらいが指名されるわけですよね。そのなかで、高校生はだいたい半分ぐらいだとして三十〜四十人が高校生の枠。だから、高校入学当初に思ったのは、三年生になったときに全国で三十番以内で自分がうまかったら、ドラフトで指名されるんだなって、ただそれだけで。あっ、結構いけるかもしれないと思って『三十番以内に入ろう』と思って高校野球が始まっていった感じでした。小島さんに出会って、佐々木監督やトレーナーの小菅先生といった周りの方々から『おまえは160キロ投げられる』と言われて、その気になって乗せられて。

そしてここまで来たんです」

いたずらっぽい素顔を見せて、大谷はそう言うのだ。

最初からアメリカに憧れがあったわけじゃなかった。「そこがきっかけだっただけです」と大谷は言う。「そこ」とはつまり、小島との出会いである。

「どの競技をやっても、金メダルのレベル」

小島にとって、大谷との出会いは「衝撃」以外の何ものでもなかった。

「度肝《どぎも》を抜かれました。初めて彼を見たときの試合の映像って残っていないですかね？ 僕は今でもはっきりと覚えています。スイングを始めたとき、打席で打ったとき、そしてライトからの返球を見たとき。すべての映像を鮮明に記憶しています。良い意味で『なんだ、コイツは……』と思いましたね。ドジャースに連れていって三年間はマイナーリーグで苦しんでもらって、その後はサイ・ヤング賞（メジャーリーグにおいて、ナショナルリーグとアメリカンリーグのそれぞれで、その年にもっとも活躍した投手へ贈られる賞）を二、三回ぐらいは獲るんじゃないかと思うぐらいの衝撃でした」

メジャー昇格を夢見るポテンシャルの高い金の卵たちが鎬《しのぎ》を削り、その勝負に勝ち残っていかなければいけないのがマイナーリーグである。厳しい環境にこそ、選手としての礎を築くことができる要素が詰まっている。その時間を経て「大谷くんは三年目には真のメジャーリーガーの道を歩み始めるだろうと僕らは予測していた」とも話す。

試合を見た小島はすぐさま、衝撃の出会いをつぶさに記したスカウティングリポートを所属球団へ送っている。

それは大谷が入学間もない二〇一〇年四月の終わりだった。高校入学後初めて出場する花巻東高校のグラウンドで行われた練習試合でのことだった。小島が記憶を手繰り寄せる。

「大谷くんは四番・ライトで試合に出ていました。僕はバックネット裏のところで見させていただいていたのですが、はじめにウォーミングアップをする姿を見て、すぐに『この子が大谷翔平だな』とわかりました。十メートルも離れていない距離のところで、打席が回ってくる大谷くんが素振りをする姿を見たときは、キレイなスイングに一瞬で『センス抜群だな』と思いました。ファーストへ走る姿もバランスがよかった。そして、ライトを守っているとき、サードへ送球する場面があったんですが、その時のボールを見て『絶対にピッチャーだ』と思いました。肩の柔らかさと投げる角度を見て、ウソだろ、あり得ない、とんでもない選手が現れたと思いました。本当に15歳？　僕の頭のコンピューターがそのとき、フリーズしちゃいました」

野球の技術はもとより、小島がもっとも驚いたのは大谷の高度な身体能力だった。

「どの競技をやっても、金メダルのレベルでしょうね。サッカーをやっても、１９０センチ以上あるフォワードとして世界でトップクラス。バスケットボールをやっていたらNBAへ行っていただろうし。陸上の100メートル走でもそう。日本人で初めて10秒を切ったのは、もしかしたら大谷くんだったかもしれない。あらゆるスポーツの日本の歴史上で彼はベストプレイヤーだと思っています。残念ながら日本の場合、年齢を重ねていけば野球なら野球しかできない環境がある。アメリカだと、高校時代、大学時代は二つの競技をやって両方のスポーツで刺激し合って、どちらかがとんでもなく飛び抜けていく。だいたい18歳から20歳ぐらいまでに一つの競技に絞っていくんですね。だから、とんでもない選手が出てくるんです。クレイトン・カーショウ（ドジャース）もそうですし、この前亡くなってしまいましたがフィリーズなどで活躍したロイ・ハラデイだって、学生時代はバスケットボールの有名な選手でしたし、ヤンキースの強打者であるアーロン・ジャッジなんかは学生時代に野球、バスケットボール、アメリカンフットボールで、いずれも州の代表になっているんですよね。まさに真のアスリート。大谷くんもそのレベルですよ。当時から、それぐらい評価が高かった」

静かに見守り続けた意味

小島はあくまでもピッチャーとして大谷を見ていた。その資質に惚れ込んでいた。大谷は一年秋からピッチャーとして本格始動するわけだが、当時の印象を小島はこう語る。

「体がまだ出来ていないし、コントロールもバラバラ。そうは言っても、いやいや、モノが違いますからね。体が大きいからピッチャーとしてまとまっていくのには時間がかかるんですよ。大木と一緒で、いきなり三十メートルの木になったら中がスカスカで倒れてしまう。僕のイメージとしては、神社の一角にある大木のような、どんな台風がきても仁王立ちしているような、根をしっかりと張ったピッチャーになってほしかった。そういうイメージをずっと持ち続けながらスカウティングをしていました」

約二年半、小島はスカウティングのために球団から支給される経費の八割以上を大谷に投資し、大谷一本に絞って岩手県に足を運んだ。もっと言えば、菊池雄星の能力にも魅了された小島は足掛け約五年半、花巻東高校に通い続けたことになる。

「花巻、盛岡、青森での大会など、雄星のときから数えると八十回ぐらいは東北に行きました」

ただ、決して表立って「見ているよ」というアピールをすることはなかった。極端に言えば一、二歩下がったところで、静かな物陰で大谷の成長を自分の目に焼きつけた。その姿勢に、小島の人間性を垣間《かいま》見ることができる。

「そういう仕事ですから。僕は彼がスムーズに野球人生を送るためにというか、いかに彼に迷惑をかけないか、高校に迷惑をかけないか。そのことだけを考えていました。誰かに自分の存在がバレないようにするためではなくて、プライオリティは大谷くん本人、チーム（高校）に迷惑をかけないこと。そこが大事だと思っていました」

大谷が高校に入学する前の二〇〇九年、小島が惚れ込んだ菊池雄星がメジャー挑戦に気持ちが傾きかけたことがあった。結局は「涙の会見」とともに自分の思いに蓋《ふた》をした菊池は日本のプロ野球を選ぶことになるのだが、当時その出来事は大きな反響を呼び、騒動にまで発展した。その思いもあって、小島は「自分自身、慎重になっていたところはあったかもしれない」というのだが、いずれにせよ大谷を静かに見守る姿勢は一貫していた。

本来、メジャー球団のスカウトは前へ、前へ、自分たちの存在をアピールする。事実、小島はドジャースの関係者に「何でもっと積極的にいかないんだ」「なぜ次の登板機会を聞かないんだ」と急《せ》かされることがあったという。それでも、小島の姿勢が揺らぐことはなかった。

「僕にとって、大谷くんが『投げるところ』を見る必要はなかった。能力の確認自体は、僕の中ではすでに終わっていましたから。たとえば投げていないときに遊んじゃう子もいるわけですよね。僕はそういう投げること以外のところを見たかったんです」

たった一時間の練習でも、小島は花巻東高校のグラウンドへ向かったことがあった。

「一時間でも大事なんです。できれば三百六十五日、ずっと見ておきたいぐらいだったたんですけど。そうじゃないと選手の本質というのは見えてこないものですから」

小島の誠実で情熱的な姿勢に、一人の男として「ただただ心が揺れた」というのは花巻東高校の佐々木監督だ。

「小島さんは練習試合や普段の練習も見に来ていました。我々よりも早くグラウンドに来て、大谷がグラウンドに入る姿から見ていました。そして練習を最後まで見届けて、静かに黙って帰る。大谷本人、そして花巻東という学校や我々指導者に迷惑がかからないようにと、最大の気遣いをしながら大谷を見続けていました。大谷は二年生のときに苦しんでいました。人というのは、多くの場合で良いときは寄って来てダメになると逃げていく。でも、小島さんは大谷が怪我で投げられなかった時期も黙って見に来ていました。公式戦でも、大谷の出場に関係なく球場に足を運んでいました。その誠実さと情熱に、こちらも魂が震える思いでした。その姿勢がただただ凄《すご》かったんですね」

メジャーのスカウトというよりも、一人の人間として小島を見ていた佐々木監督は、その人間性に引き込まれるようだった。

メジャー球団のなかには、大谷の登板試合だけを知りたがり「いつ投げるんですか？」と野球部に問い合わせてくるスカウトもいた。大会でのピッチングだけを確認する者もいた。その点、小島は日本の文化も尊重しながらスカウト活動を行い、大谷の成長過程を見続けた。小島は言う。

「たとえばピッチングで良かった日があったとします。でも、僕の仕事はその良かったところを見て終わりではないんです。また次の登板も良かったとする。すると、その前の『良かった日』の確認になるんです。やっぱりよかった、と。俺の判断は間違っていなかった、と。つまりは、二年半の期間で大谷くんのスカウティングの精度を上げていったんです。当然、ストライクが入らないなど、悪いときのピッチングも見たかった。16、17歳の男の子ですから、失敗のほうが多い。それは当たり前のこと。失敗自体は何の問題もないんです。むしろ僕は、十代、二十代はどんどん失敗したほうがいいと思うタイプ。失敗からの歩みを僕は見たかった。状態が落ちているときに見えるもの、感じるものは多いですし」

佐々木監督の逡巡

小島のスカウティングは実った。正確に言えば、実りかけた。

二〇一二年十月二十一日に「メジャー挑戦」を公言した大谷の表情を小島は今でも忘れられない。

「あのときの顔は、本当に意志あるものだと感じました。『大谷は本物になろうとしている』。そう思いましたし、アメリカへ行きますと言ったときは本当に前を見据えていたと思います」

18歳で海をわたる――。

大谷は当時の心境をこう語るのだ。

「挑戦したかったということもそうですし、他の人と違う成長過程を踏んだときに、最終的に自分がどれぐらいの選手になれるのかという興味のほうが大きかった。そのときは、アメリカへ行ってみたいなという気持ちのほうが強かったですね」

教え子の強い意志を間近で見ていた佐々木監督は、当時のメジャー挑戦を、18歳の決断をどう感じていたのだろうか。

「昔は、岩手の選手がプロ野球選手になること自体がほとんどなかった。高校生がプロ野球選手という言葉を言うのもおこがましいぐらいの時代がありました。ただ、大谷の場合は一年生のときからメジャー球団のスカウトがつきっきりで見ていて、二年生になるといろんな球団のスカウトの方々も来てくださいましたが、彼にとってメジャーは身近なものだったと思います。決して夢物語ではなくて、身近なものとしてメジャーを意識できたのだと思います。そのなかで、ある程度の力を発揮してメジャーへの憧れがどんどんと膨れ上がって『メジャーへ行きたい』と語った。今だから言えることですが、大谷が『行きたい』と言ったとき、私自身も初めての経験でしたし、高校からアメリカへ行かせたらどうなるんだろうという不安はありました」

周囲の人々、または日本の野球関係者から嫌味や陰口を叩かれることも十分に想像できた。実際、そういう言葉が耳に入ったこともあった。実際に、大谷の前に菊池雄星がメジャーに心が傾きかけたとき「自分の保身」を考えてしまう佐々木監督がいたのは事実だ。

「雄星がメジャー行きを諦め、会見したときに彼は私の隣で涙を流しました。その姿を見て、申し訳ない気持ちでいっぱいでした。彼の夢を、自分のために止めさせたのかな、と。自分自身を反省しました。そんな経緯もあって、大谷がアメリカへ行きたいということであれば、私自身の都合だけで止めることだけは絶対にしたくないと思っていました。大谷が『行きたい』と言い出したときは、心配しないで自分で決めなさいと彼に伝えました」

両親の覚悟

プロ野球か、メジャーか。その狭間で心が揺れ動いていた時期、佐々木監督は大谷と何度も語り合った。

「アメリカへ行ってからのあらゆるリスクやメリットのことを話しました。私と本人、私と両親と本人、私と両親だけと、何パターンも機会を作って話し合いました。子供の夢だけで話を進めてもいけませんし、家族の意向も聞かなければいけない。とにかく話し合いを重ねました。そのなかで本人が『行きたい』と。最後は自分の意思で決めなさいと言っていましたし、私も『行ってこい』と大谷に言葉をかけました」

メジャー挑戦の一報を境に、マスコミは連日のように議論を展開した。十代の選手がアメリカへわたるとしたら、まずはマイナー契約からのスタートになる。その環境やシステムを検証し、その内容を独自の視点から映像や活字を通して報じた。メジャー挑戦の賛否両論が広がる。若年層でのメジャー挑戦は無謀だという声が大半だった。たとえば、マイナーリーグの過酷さを打ち出す。試合間にある長距離バスでの移動、メジャーとは比較にならないほどのわずかな報酬、そのなかでの食生活の苦労。そんなデメリットばかりをクローズアップして、高校を卒業したばかりの選手が本当にその環境に順応することができるのかと、不安要素を並べ立てた。だが、当時の佐々木監督はそんな不安すら、大谷は力に換えていくと信じていた。

「ゼロからスタートすることで、彼はまた強くなる人間だと思っています。逆境に強い男でもありますから、大谷は。だから、その当時はハングリーな気持ちが生まれて、そこから成長できる環境も彼にとってはいいのではないかと思っていました」

大谷に寄り添い、いつも耳を傾けてくれた両親は息子が出した結論を尊重した。父の徹さんは、高校時代のメジャー挑戦の表明を「翔平らしい」と語り、こう続ける。

「はじめはビックリしたというか、そんなことを真剣に考えていたんだなと思いましたね。ただ、翔平らしい決断だったと思います。私も他人と同じことをするのが嫌なほうなんですよ。こっちと言えば、違う方を向くところがありましてね。だから、翔平も私に似たところがあるのかなあと思うところもあって」

息子の性格や思いを誰よりも知り、大谷にとって最大の理解者である母の加代子さんにも、徹さんと同じような気持ちがあった。

「翔平はあの通り、その都度、自分の気持ちを話すタイプではないんですね。自分のなかで秘めているものはあるんでしょうけど、決断に悩んでいた時期も、自分から家族に対して『どうしたらいいと思う?』『こうしたいと思う』と言うことはありませんでした。でも、翔平自身が『行きたい』となったら、私たちが何を言っても『行きたい』気持ちを変えることはできない。そのことはわかっていましたし、アメリカへ行きたいという気持ちがすごく伝わってきたので、翔平の気持ちを尊重することが一番だと思いました」

そして、母は息子の決断を「私たち親にとっても覚悟でした」と言う。

「親としては心配ですよね、やっぱり。できれば国内でやってほしい気持ちもありましたけど、翔平が行きたい、そうしたいというのであれば、しっかりと送り出してあげようという覚悟はできていました」

日本ハム入りの可能性はゼロ

しかし、事態は急変する。十月二十五日のプロ野球ドラフト会議で北海道日本ハムファイターズが大谷を単独1位指名したことで状況は複雑化を極めた。指名直後、18歳の大谷はこう語ったものだ。

「(メジャー挑戦を)一度決断した以上は、アメリカで頑張ろうと思っていましたし、どこに指名されても自分の意思だけはしっかりと持っていようと思っていたので、今はアメリカでやりたい気持ちしかありません」

日本ハム入りの可能性を報道陣に訊《き》かれると、そのパーセンテージは「ゼロ」と言った。淀みない口調で、入団する意思がないことを伝えた。改めて当時の思いを大谷はこう語る。

「ドラフトで指名をされたときは、申し訳なかったですけど、(日本ハムへ)行く感じはなかった。でも、ドラフトの数日前には『ウチは指名する』という報道も出ていましたので、ある程度は想像していました。いずれにせよ、プロ志望届は出していたので指名の可能性があるとは思っていました」

プロ志望届とは、学生がプロ化されている競技を目指す上で所属する各連盟に提出しなければいけない書類のことである。野球においては二〇〇四年度から制度化されたものだが、高校生なら日本高等学校野球連盟に、大学生なら所属する大学野球連盟に、それぞれ

「プロ野球志望届」を提出する。一般的に言われるプロ野球とは日本野球機構（NPB）を示すのだが、国内にある独立リーグや海外のプロ球団、すなわちメジャーリーグを目指す学生も提出の義務があるのだ。そのルールに従い、希望進路を日本プロ野球とメジャーの間で悩んでいた大谷は、九月十九日にプロ志望届を岩手県高野連に提出していた。それだけに、たとえ「メジャー挑戦」を宣言した大谷でもドラフト会議で指名を受ける可能性はあった。ルール上では、各球団の「大谷指名」は何ら問題がなかった。

ただ、強行とも言える日本ハムの指名は、大谷本人はもとより家族や花巻東高校の関係者、そして野球界全体、もっと言えば世間を揺るがすものとなった。心中複雑だったのは佐々木監督だ。

「ドラフト前に大谷がメジャーへ行くという意思表示をしていましたし、正直、驚きました。ドラフト直前に指名の意思を公表したのは球団の最大限の配慮だったと思いますし、指名していただいて『行かない』というのは日本の球界に対して失礼だとも思いましたが、正直言って……いろんなものを遮断してアメリカへ行くことを決めていたので、私自身は震えるような思いでした」

大谷がメジャー挑戦を表明した直後から、佐々木監督を含めた花巻東高校が批判にさらされたのは事実だ。日本ハムが1位指名をして大谷と球団の交渉が続く最中もそれは続くのだが、世間の厳しい言葉や目は佐々木監督にとっては耐え難いものばかりだった。

「指名されたからといって日本ハムと交渉すべきではない」

「日本ハムとは最初から密約があったんじゃないか」

「おまえらは日本球界をナメている」

憶測だけが独り歩きをして、誹謗《ひぼう》中傷や脅迫にも似た言葉が含まれた苦情の手紙やメールが花巻東高校へ山のように届いた。学校の電話が鳴りやまない。野球部の流石裕之部長をはじめ、野球部スタッフや学校職員はその対応に追われて憔悴《しょうすい》し切った。メジャー表明からドラフト指名、そして交渉と続く過程で、佐々木監督も心労は続いた。結果的に日本ハムへの入団が決まった直後の話だが、佐々木監督は一度、監督辞任を決意したことがあった。さまざまな経緯や状況を考えて、世間を騒がせてしまった……多くの感情が入り乱れるなかで監督を退き、その責任を取ろうとしたのは事実だ。「辞めたいと思う」。実際に流石部長にそう相談したこともあった。

「本当に辞めようと思った時期でした」

ただ、踏みとどまった。日本ハムへの入団が決まってからも続いた苦情の電話や投げかけられる辛辣《しんらつ》な言葉などを、野球部の窓口として一手に引き受け、背負っていたのは流石部長だった。その姿を見ると「ここで辞めるわけにはいかない」と思ったのだという。

ファイターズの信念と挑戦

日本ハムもまた、震えるような時間を過ごすことになる。

東京都港区にあるグラウンドプリンスホテル新高輪で行われたドラフト会議。「運命のドラフト」とも呼ばれるその空間で、日本ハムのテーブルには例年にないほどの独特の空気感、緊張感が流れていたのは想像に難くない。当時は球団のゼネラルマネージャー、いわゆるGMを務めていた山田正雄(現・スカウト顧問)は、二〇一二年の秋空を思い浮かべながら静かにこう語り始めた。

「ドラフト二日前に、私どもの日本ハムは大谷を1位指名で行くと発表しました。もちろん、ドラフト当日にいきなり指名してもルール上では何ら問題はなかった。実際にそうしようとも思ったのですが、それでは大谷や花巻東高校に非常に迷惑をかけることになる。また、日本ハムと花巻東高校は何かできているんじゃないか。出来レースに持ち込んでいるんじゃないかと思われる懸念もあったものですから、私どもとしては二日前に公表した経緯がありました。もちろん他球団が大谷を指名する可能性はある。ですから、あのドラフト会場では、どこか他球団が指名にくるんじゃないかとソワソワしていました」

日本ハムを除く十一球団がどういう動きを見せるか。それに対する不安や緊張があった。実際、山田は「どこか一球団ぐらいは(指名に)くるんじゃないか」と思っていたという。

特に大谷の地元である岩手県に近い宮城県仙台市をフランチャイズとする東北楽天ゴールデンイーグルスが指名するのでないか。山田はそんな予想もしていた。

ただ、他球団との公平さも考慮した上で、ドラフト直前とは言え、二日前に1位指名の公表に踏み切ったことは球団としての確固たる姿勢の表れだった。佐々木監督をはじめとする花巻東高校に対する誠意の表れでもあった。それは、メジャー挑戦を口にしていた大谷へのメッセージでもあっただろうか。山田は言う。

「大谷に対するメッセージというよりも、そのときは正直、指名しても半分の確率でウチには来ないだろうという思いもあるなかで、もしもウチに入団してくれたときに花巻東高校や佐々木監督にものすごく迷惑をかけるという思いのほうが強かった。そこに対する配慮が一番でした」

球団としての強い思いがあった。その「覚悟」とも言うべき決意は一貫していた。当時はGMの山田をサポートする形で、スカウトディレクターを務めていた大渕隆（現・スカウト部長）は語る。

「我々としては、山田GMが率先して、良い選手を獲る。獲れる選手ではなくて、チームを強化するにあたって獲りたい選手、欲しい選手を指名するということを常々おっしゃっていたので、最終的には山田GMの決断で大谷の指名にいくんだということを決めました。大谷を指名することに対して反対意見はありませんでした。ファイターズの会社全体を含むチームの考え方が『挑戦していこう』『新しいものに挑むんだ』というものですし、既成概念を壊してでも前へ進もうという風潮があります。ただ、事が大きかったので、当時のGMは自らの宣言のもとで『担当』になりました。一連の責任を取る、と。そこまで覚悟をされた山田GMを私がサポートする形でスタートしました」

大渕は、自身を「何かに挑戦することが好きな性格」だという。山田の「指名しよう」との言葉にも「よし、やってやろう」という思いが強かった。たとえ指名して交渉したとしても、入団にこぎつけられるかわからない。獲得できる確証はない。それでも山田の決断に、素直に頷く自分がいた。

大谷獲得の中心を担った山田は言う。

「その前年（二〇一一年）、私どもは菅野智之投手（現・巨人）を強行指名しましたが、結局はウチに来なかったという経緯がありました。それでも、大谷のときも会社はゴーサインを出してくれたといいますか、『行くべきだ』となって賛成してくれました」

強い信念と、たしかな覚悟を持って、日本ハムは球団全体として大谷獲得の動きを果敢に進めていったのだ。現場の責任者である栗山英樹にとっても、その迷いのない一本筋が通った姿勢が頼もしかった。

「前年のドラフトの状況は僕もわかっていましたが、ウチは本当に欲しい、一番良い選手を獲りにいくという姿勢は貫いている。僕自身はぜんぜんなかったんですけど、もしかしたら球団としては怖かったんじゃないかと思うところもあるんです。二年連続でドラフト1位がいなくなる可能性があるわけですから。ただ、誰もブレなかったですね」

スカウトが見た圧倒的な向上心

スカウトディレクターの大渕が「大谷翔平」というプレイヤーを初めて目にしたのは、彼が高校一年のときだった。

「もともと存在は知っていましたので、あとは見るタイミングがあればという感じだったのですが、彼が一年生の秋だったと思います。練習でライトを守っていましたね。まだそのときは、背は高いけれども体の線は細かった」

公式戦の姿で印象深かったのは、大谷が三年生になる直前の二〇一二年のセンバツ大会だという。

「印象が残っているのはセンバツなんです。そこでのホームランを含めた打撃がすばらしかったですね。ピッチャーとしては最後の三年夏。160キロを放った試合ですね。実際に見ていましたが衝撃でした。このスピードガン、どうなっているんだろう？って。我々にとって数字に頼ることはあくまでも副次的なものであり、本来は『目で見る』ことが重要なのです。そういう意味でも、迫力のあるボール、たしか低めだったと思いますけど、実際に『160キロなんだな』と思わせるボールでした」

日本ハムが大谷の1位評価を考え始めたのは、三年春の段階だった。「センバツを見た時点で、ドラフト1位であるということは間違いないなと思いました」という大渕は、さらにこう続ける。

「あとは投手としてどうかな？　という感じでした。ボール自体は速かったのですが、体がまだできていないという状況もあったと思いますが安定感がなかったので」

花巻東高校の佐々木監督、そして大谷自身は、高校時点では「ピッチャー・大谷翔平」を意識し続けた。ピッチャーとしての歩みに、疑いの余地を持たずに、だ。ただ、その感覚や認識と違う、周囲の目があったのは事実だ。大渕は言う。

「もちろんピッチャーとしてもすばらしく、比類なきものというか、他に類を見ない選手であることは間違いありませんでした。ただ、それはあくまでも素材的なものであって、バッターとしては相当に洗練されているような印象を持っていました」

スカウトという仕事は、選手の可能性を見つけ出し、その可能性を引き伸ばしてあげることであるという。大渕の目には、他の選手と決定的に違う大谷の能力も映っていた。

「大谷の特徴と言えば、一般的には身体能力や体の大きさになるのでしょうが、それよりも大谷のすばらしさは圧倒的な向上心にあります。野球への向上心を、彼からは強く感じるのです」

常に上を目指す、高いところを見据える。「そこがすばらしい」と大渕は言うのだ。高校時代もそうだったが、日本ハムへ入団してからも、その姿勢は変わらなかったという。

「そこはブレないですね。たとえば車やファッション。そんな野球以外のところには、とにかく興味がいかないんです。そうかと言って、他の選手と付き合わないかと言えばそうではない。重要なところはちゃんと付き合って、一緒にふざけたりもする。次男坊らしいというか、そこは要領がいいですよね」


協調性を保ちながらも、芯の部分は揺らがない。そして、真っ直ぐに伸びた幹でもあり、大地に広がる根っこでもある大谷の中心には、いつも「向上心」がある。大谷自身もこう言うのだ。

「僕は、高過ぎるところを見てしまうところがあるので」

その向上心が源流となり、一時はメジャー挑戦を決意したのだが、その「大谷の本気」を肌で感じ取った一人が大渕でもある。

「3年の夏が過ぎた時点でメジャーという話がだんだんと伝わってきたのですが、正直言って『まさか』という思いでした。それは高校生なりの思いであって、まさか本気ではないだろうと私は思っていました。そういうなかで彼はプロ志望届を出した。志望届を出すと、学校の監督の許可をもらいながら選手と接触することができるのですが、私はプロ志望届を出した直後の九月に大谷と面談をさせてもらいました。そこでは彼の人となりというか、野球への思いを確認したいと思っていました。ただ、実際に彼と会って話しても、まったく高校生らしくないというか、大人の距離感みたいなものを感じました。会話の中で、大谷は自分が『ＹＥＳ』なのか『ＮＯ』なのか、黒なのか白なのか、その思いをこちらには見せず、その表現すらしない。非常にやりづらい会話をさせられてしまって『これはまずいぞ』と思いました。用意していった資料も見せたのですが、それに対しても何も感じている様子はまったくなくて……。その姿を見て、私は『これは本気なんだ』と思いました。学校を出たあとに、私はすぐに山田ＧＭへ電話をしました。大谷は本気です、と。メジャーリーグへ行きたいようです、と。そんな報告をしたのをよく覚えています」

ただ、山田は大渕からの報告を真摯《しんし》に受け止めながらも、心のなかでは希望を持っていた。

「日本のプロ野球への気持ちがあるかもしれない。そう期待する思いがありましたので、メジャーへ行きたいという言葉をそのまま鵜《う》呑《の》みにするわけにはいかないと思っていました」

それでも時間の経過とともに、山田が抱いたような希望は一種の失望へと変わっていった。大渕が面談時に感じ取ったものこそが真実であり、球団全体としても大谷の「本気」に気づくのである。山田は言う。

「彼の本気がだんだんと伝わる感じはありました。ただ、僕のなかではずっと大谷を見て来ましたし、大谷が出場した韓国で開催された18U世界野球選手権大会を見て『1位で獲るなら絶対にコイツ』と確信しましたので、たとえ状況が変わっていっても諦めるわけにはいかないと思っていました」

本気でメジャーを目指す18歳を、最終的に「振り向かせる」ためにはどうしたらいいのか。大谷にとってもそうだったが、ドラフト指名後は日本ハムの長く濃密な時間は続いた。

「誰も歩いたことがない大谷の道を一緒に作ろう」

指名後から始まった大谷との入団交渉での大渕の役割は明確だった。

「私は大谷の頭を懐柔していくという役割があったのですが、彼の頭に訴えていって、最終的には栗山監督が彼のハートに訴えかけた。今となってはそういう流れだったと思いますが、当時は、今そのときにやるべきことをとにかくやっていく。その日、その日という感じでした」

一度目の指名挨拶《あいさつ》では大谷本人と会うことができなかった。二度目も、当初は本人不在のなかで球団と両親の話し合いになるはずだった。だが、球団にしてみれば意外な展開が待っていた。大谷の父・徹さんは悩み続ける息子に対して、そっと語りかけていた。

「本人はまだ18歳でしたからね。入団をお断りするのは簡単かもしれないけど、まずは話を一回聞いたほうがいいと本人には言ったんです。お断りするとしても、まずは話を聞いて、それから断ったほうがいいよって。本人も『わかった』と言いました」

突如実現した本人との対話のなかで、大渕はある行動をとった。

「二度目はご自宅へうかがったのですが、大谷本人と会うことができたんです。そこで、彼のメジャーへ行きたいという大きな希望に対して、具体的に大谷が何を求めているのかを確認しました」

大渕は18歳の思いを受け止め、彼の思いに語りかけ、少しずつ心の扉をノックしていこうと思っていた。

「まずは、大谷がただメジャーリーグに入るのではなく『メジャーリーグのトップまで行きたいんだ』ということを確認しました。それから『長く野球選手を続けたいんだ』ということを会話の中から拾えました。最後に、『新しいことをしたい』という言い方を本人はしていたと思いますけど、つまりは『パイオニアになりたいんだね？』と私は言い、そう理解しました」

メジャーのトップに行きたいんだよね？

長く野球を続けたいんだね？

何か新しいことを、他人がしたことのないことをやりたいということだね?

大渕の問いかけすべてに、大谷は「そうです」とはっきりと言った。

その二度目の席で、山田と大渕は栗山監督の直筆メッセージが入ったボールを持参している。

《大谷くんへ、夢は正夢。誰も歩いたことがない大谷の道を一緒に作ろう》

大谷はメジャー挑戦を公言するなかで「他人がやったことのないことをやりたい」と言った。球団としてもその思いは理解できたし、その実現に向けてともに歩む覚悟はあった。栗山監督のメッセージは、球団の総意でもあったのだ。大渕は言う。

「大谷はもともと礼儀正しく、明るくて、伸び伸びしたところがある高校生だと思っていました。花巻東高校の佐々木先生のご指導というのを僕は前々から感心していたので、その指導のなかで育っているのであれば間違いないと思っていました。野球の面と人間的な面が明らかに揃っている。選手として抜けた能力を持っていたのは間違いありませんでしたが、併せて人間的にも優れているという点もわかっていたので、これは今までの選手と違う道を歩むべき選手なんだろうな、と。その手助けをしたいという意味で、栗山さんもメッセージを書いたと思います」

夢への道しるべ

十一月十日には、全二十六ページに及ぶ独自資料を持って球団は両親のもとを訪れた。『大谷翔平君　夢への道しるべ』と題したその資料は、パワーポイントを駆使して大渕が中心となって作成したものだった。

「私が以前にセールスの仕事をしていたときの話なんですが、たとえば自分たちが良いものを作ったからと言って、それを押しつけて『いいものだ、いいものだ』と売り倒す、または押し倒すのではなくて、相手が何を求めているのかをまずは把握《はあく》する。そこに適切なものを提案する。いわゆる『提案型営業』というものを当時の私は教わりました」

大渕は、新潟県の十日町《とおかまち》高校から早稲田大学野球部を経て日本ＩＢＭに入社。その後、高校教師を経てプロ野球のスカウトに転身した異色の経歴を持つ。大谷との交渉では、かつて企業で養ったノウハウを活用して独自資料を作った。

「球団内部の方や知人を通じて情報を集めながら作りました。ですから、『僕が』というよりは、みんなで形にしたという感じです」

実は、その資料を作ったわけには大谷の両親の存在も深く影響していた。

「本人とご両親と会話をするなかで、この家庭と親子であれば、ある程度の資料は読んで理解していただけると思いました。お父さんとお母さんともに話の理解力が高くて、会話も上手で。だから、もっと資料を作ろう。そう思えたんです。我々としては、すごく期待を持てたというのはありました」

初めて両親に接したときから、大渕は薄っすらと感じていたことがあった。

「ご自宅へ行ったときに、お父さんとお母さんとの会話がスムーズにいきましてね。会話が気持ちいいというか、話しているといい気持ちになるというか。そんな印象を受けました。息子である大谷翔平のことを1位指名したことに対しても、敬意を持っていただきました。我々ははじめ、ご自宅の玄関のドアを開ける瞬間、どういう雰囲気かまったくわからないわけですよ。険悪な雰囲気かもしれないし、会話もしてくれないかもしれない。そんなことを想定しながら、そういう心境で自宅にうかがいました。でも、ご両親に初めてお会いしてどこか安堵《あんど》感があったというか、ご自宅では気持ちのいい会話をさせてもらったと感じていました」

資料に添付された「琵琶湖」の写真

副題に『日本スポーツにおける若年期、海外進出の考察』と記された資料。のちに資料の大半は球団ホームページでも公開されて広く知れわたることになるのだが、未公開部分のあるページには、「琵琶湖《びわこ》」と題したページがあった。そこには、滋賀県にある日本最大の面積と貯水量を持つ琵琶湖の写真が貼り付けてあった。そのページが持つ意味とは何だったのか。大渕が内容と作成意図についてこう語る。

「実は『急がば回れ』という言葉は、琵琶湖から生まれたものだそうです。要するに、昔は船で琵琶湖を通って物を運んでいた。急いで船で物を運ぼうとするんだけれども、そこには風とか波によって転覆する危険がある。それよりも琵琶湖の淵をぐるっと回ったほうが確実に目的地に行く。そういう話から『急がば回れ』という言葉が生まれたということを偶然にフェイスブックで見つけまして。それが一番わかりやすいと思って、そのフェイスブックの画面を張り付けて資料の一つにしました。あまりにも資料全体に数字やグラフを入れ過ぎてしまっていたので、何となく直感的に伝わる方法はないかと思っていたところに、その琵琶湖の『急がば回れ』という、誰もがわかるものがあったので『これはいい』と思って使いました」

大渕は内容を説明し、球団としての考えを伝えた上で資料を両親に渡した。

「こちらとしては、もしかしたらお父さんとお母さんが味方になってくれるかもしれないと思っていました。息子の先行きを案じて、リスクはできるだけ避けたい。それが親心だと思いましたし、それがもしも正しければ、その親心に寄り添える情報を提供することで、物事が進むのかなあと考えていました。資料はご両親にお預けする形にしました。ご自宅でどうするかはお任せします、と言って。本人に説明するのか、または本人が資料の内容を聞いてくるのを待つのか。それはこちらではコントロールすることができなかったので、すべてはお父さんとお母さんにお任せしました」

大谷家のリビングにあるテーブルの上には、大渕が魂を込めて作った資料が置かれていた。両親、そして大谷自身が見つめるなかで。父の徹さんは内心、心配だった。

「球団から聞いた内容をきちんと翔平に伝えられるか不安ではあったんですけど、本人も含めて改めて読んで、こういうことなんだなと、理解していきました。それまでわからなかったことがありました。簡単に考え過ぎていた部分もありました。やっぱり自分たちが知らないことが多くて、私もそうですし、翔平自身もいろいろと調べたと思いますが、調べきれない、自分が理解しきれないことがあの資料や説明にはありました。気づかされたことがたくさんあったと思います。何度もお話をさせていただく機会がありましたが、本当に球団の熱意が伝わってきましたし、あっち（アメリカ）に行くことも悪くはないですけど、『急がば回れ』というんですかね……。まずは日本でやってからアメリカへ行ったほうが成功する確率が高いという説明もしていただきましたので、考え方が少しずつ変わっていきました」

日本ハムは結局、計六度も岩手を訪れて粘り強く交渉を続けた。そのなかで、ドラフト後初めて栗山監督と大谷が顔を合わせたのが十一月二十六日のことだった。栗山監督は思い出す。

「大渕が作った書類の説明が終わっている状況のなかで、僕は大谷翔平の側で話をします、聞いてくださいということで話をさせてもらいました。僕がマイナーリーグやメジャーリーグを取材して来たなかで思うことは、メジャーで活躍するためには絶対に日本でやって、メジャー契約をしてアメリカへ行くべきだ、と。評価をもらって、場所をもらって向こうに行かないと、なかなか日本人選手は活躍しづらいんだという話はしました。僕は『日本ハムへ来てください』ということは一言も言いませんでしたし、大谷翔平の夢を叶えるんだったら、俺だったらこうします。そういう話をさせてもらいました」

栗山監督は、再び大谷と会ったときに自分の思いが伝わっていることを確信する。そして、「彼の考える能力からすれば、絶対に（入団を）選択すると信じていた」という。

実は、大谷がドラフト四日前にメジャー挑戦を表明したとき、つまりは日本ハムがドラフトで指名する以前から、栗山監督は「本当にアメリカへ行きたいという夢があるなら、絶対に日本でやるべきだ」と思っていたという。

夢があるからこそ、日本でやったほうがいい。

栗山監督は、その具体的なプロセスをこうイメージしていた。

「要するに、投げるにしろ、打つにしろ、日本の細かい技術を教わって、ある程度の形にしてから行ったほうがいい。能力はある。契約社会であるアメリカにおいて、メジャー契約をして『絶対に使います』という契約を交わして行ったほうがいいと思っていました。下から上がって急に結果を出すというのは、相当にリスクがあります。それならば、日本である程度の結果を残して、良い契約をもらってアメリカへ行ったほうが、メジャーで野球を思い切りやれると思っていました」

ただ、何度となく岩手を訪れても、日本ハムは「大谷獲得」のたしかな手ごたえを摑《つか》むまでには至っていなかった。交渉の途中から、世論の流れが徐々に変わったのは事実だ。「日本ハムだったら入団してもいいんじゃないか」。ネット上にはそんな言葉も見られるようになった。高校からプロ入りする若手選手が育つ土壌があり、そこでの育成に対する球団の姿勢を評価する声が世間に広がっていった。ただ、それでも……。

大谷の心の内をはっきりと読み取ることができない。

交渉のキーマンとなっていた大渕にも、少しずつ焦りに似た感情が芽生えていた。

「我々には、いつ大谷家側と交渉を切られるかという不安が常に目の前にありました。ですから、交渉を『もう一回』と言われることが、我々にとっての『手ごたえ』でしかなかった。その過程のなかで結果としてゴールに辿り着いただけで、はじめからゴールが決まった状況で、ちょうどいいところまで来たぞとか、これが手ごたえだというものはまったくありませんでした。日々、ゴールまでの橋を伸ばしている感じで、橋を五十センチ伸ばして、次の日にまた五十センチ伸ばして。そんな感じだったと思います。我々としては、誠意を持ちながら、彼の夢に寄り添えるのかというところだけでした。資料を提案して理解してもらう。そして、我々が手助けになるんだということを伝えるだけでした。段階としては、相当に何段階もあったと思います。ですから、交渉が延長された、『もう一回ある』ということが、手ごたえとしか言いようがありませんでした」

交渉の責任者だったGMの山田は、長引く交渉をどう感じ取っていただろうか。

「(交渉が)ダメになってしまうんじゃないかという気持ちはありました。交渉の期間は、とにかく長く感じました。何度か諦めようというところまでいきましたが、ここで諦めてはいけないと自分を奮い立たせていた感じですね」

誰も歩いたことのない「二刀流」への道

ドラフト会議から約一カ月半が過ぎた二〇一二年十二月九日。

岩手県内の空には雪が舞っていた。まだ夕暮れ時だというのに、僕が東北本線の水沢駅に降り立つと空はすっかり闇に包まれていた。雪は相も変わらず降り続け、積雪の間からわずかに見えるアスファルトを濡らしていた。

その日、大谷は日本ハムへの入団を決めた。

道なき道をかき分けるかのように突き進み、可能性「ゼロ」からの決断だ。大谷は当時の心境をこう語る。

「指名されたあとも、メジャーでやってみたいという気持ちが強かったですし、（日本ハムへは）行かないだろうと思っていました。ただ、何回も岩手県に来てもらって、何回も話をさせてもらって、（日本ハムで）やってみたいなという気持ちが強くなっていった。球団としての熱意、栗山監督の熱意も伝わりましたし、交渉を数回重ねていくなかで、ここ（日本ハム）で自分を追い込んでいきたいと思うようになっていきました」

メジャーへの思いを一度封印し、日本国内でプレイすることを決めたときの記憶は、大谷のなかではおぼろげだ。

「考えがパッとすり替わったわけではないですね。ある瞬間に『行く』と決めたということではなくて、そういうふうに動いていったということじゃないですかね」

大谷は悩み続けた。何度となく自問自答した。その過程で徐々に新たな思考が生まれ、そして最後は自分の意思で答えを出した。

「最終的には良い判断ができたと今では思っていますし、今でも野球ができていることを考えたら、あのときの決断はよかったんじゃないかなと思いたい部分がありますす」

日本ハムと交渉を続けた長い期間、大谷が多くの言葉を交わし、ありのままの自分の思いを伝えたのが家族だった。まだ高校生だった頃、大谷はこんな言葉を残している。

「あれだけ両親と話をしたことは今までなかったと思います。あの時間は、どんなことがあっても忘れないと思いますし、死ぬまで覚えていることだと思います」

息子の最終決断を家族はこう考える。父の徹さんは言う。

「やりたいようにやってほしい。行きたいところに行ってほしい。ずっとそう考えていました。あとになって『あの時……』と後悔することが一番いけないことなので、はじめから『自分の好きにしていいよ』と言っていました。決断の決め手は……やっぱり、体的にも精神的にもまだまだなところがあって、あのときは『(アメリカは)今、行くべきではない』と本人が気づいたというか、そういう判断をしたんだと思います。日本で経験を積んでトレーニングを積んでアメリカへ行ったほうがいい、と。栗山監督や球団の方々は、チームのためというよりは、翔平のためにこうしたほうがいい、ああしたほうがいい、一緒に頑張っていこうと訴えてくれたので、その気持ちは伝わったと思います」

そして、母の加代子さんが言葉を加える。

「あとは『二刀流』ですかね。他人とは違う、誰もやったことがないことを日本でもできるのか、と。そこには大きな魅力を感じたと思います。今だから言うわけではありませんが、韓国での世界野球選手権大会から戻ってきたときに、その先の進路について翔平と少し話をしたことがありました。そのときに、翔平は投げることも、打つことも好きな子なので、私は『プロに入って両方やらせてもらえないのかね?』と何も考えずに言ったことがありました。翔平は『まさかそんなの無理でしょ』みたいに言っていましたけど。私も『そうだよね』と笑って返したんですけど、そのあとに日本ハムの二刀流の話を聞いて、私はどこかで嬉《うれ》しさを感じていました。翔平のなかにもきっと『やらせてもらえるのかな』という、嬉しさがあったと思います」

大渕は、入団を決断させた最大の理由は「本人に聞かないとわかりませんが……」と前置きした上で、大谷と自分自身の思考を重ね合わせる。

「おそらく、彼のなかで道が見えたのかなあと思います。自分の目指すべき道が見えたから、じゃあこっちの道で行こう、と。そう思えたんじゃないですかね」

目指すべき道、すなわち、自分をさらに高めてくれる道。

大谷にとってのそれは、プロの世界で投手として打者として、ともに技術を高めて互いの最高のパフォーマンスを見せる「二刀流」の道だった。

大谷は、淀みのない声ではっきりと言うのだ。

「投手と打者の二つをやらせてもらえるというのは、僕にはない画期的なアイディアでした。それは大きかったと思いますね。僕としては、まったく違う道を選んだという感じです。あのとき、もしもアメリカに行っていたら、おそらくバッティングのほうはやっていなかったでしょうし」

繰り返された交渉の場で、大谷が二刀流に対して大きな感情を見せることはなかった。交渉の過程で球団側が二刀流という言葉を初めて使ったのは、栗山監督が加わった交渉の席でのことだったと大渕は記憶している。

「大谷は交渉のときにまったく表情を出さないんです。そこがすごく大人というか。感情を見せてくれなかったので、次の一手というのがなかなか難しかった。何が正しいのかわからない状態で進んでいったので、二刀流という言葉を出したときも、ちょっと反応があったぐらいだったと思いますけど」

だが、山田だけは大谷が二刀流に少しだけ反応を見せた瞬間をよく覚えている。

「三回目の交渉のときでしたかね、二刀流の話をしたのは。大谷は『そんなのもあるのかな』という程度で少しクスッと笑いながら話を聞いていたのを覚えています」

「二刀流」という言葉が生まれたある会話

そもそも球団として二刀流のアイディアを持ち始めたのはいつだったのだろうか。大渕はスカウトの立場からこう語る。

「結構前からそのことは考えていたと思います。むしろ、どちらかに決めることが難しかった。選手の能力を最大限に生かすことが我々の使命だと思っています。大人の都合で、あるいは今までそうだったからという理由で、何かをなくすのはもったいないことです。どうすれば大谷の能力を消さないで済むのか。二刀流での起用までは、はっきりとイメージしていたわけではありませんが、何とか能力を消さない方法はないかと、おそらく球団のみなさんが考えていたと思います」

実は、野球における「二刀流」という言葉自体は、GMの山田と栗山監督の会話のなかから生まれたものだった。山田が会話を思い出す。

「私としては、バッターとしては一年か二年すればプロのレギュラーを獲ってずっとやっていけるだろうと思っていました。ピッチャーに関しては、少し時間がかかるだろうな、と。三年目ぐらいに出てきてくれればいい。当初はそんな感じで思っていました。そんなとき、ドラフト前に栗山さんから『山田さん、大谷という選手はピッチャーとバッター、どっちがいいんですか？』という質問を受けたんですね。そのときに、私は『難しい質問だけど、両方いいんじゃないかな』と答えました。どっちがいいとか悪いとかではなく『どっちもいいんじゃないですか』という話をしました。そうしたら栗山さんが、冗談風ですけど『二刀流だね』って。『二刀流をやらせたら面白いね』とおっしゃったものですから、だんだん私自身も頭のなかに『二刀流』という言葉を思い浮かべるようになりました」

一方の栗山監督は当時の会話をこう記憶している。

「二刀流という言葉は、ごく自然のなかで出てきたものでした。二刀流は宮本武蔵ですよね、みたいな。現場として（投手と打者の）二つをそのままやれる二刀流ですよねって。そうしたら、『やりましょう』『できますよ』という話になっていった感じです」

二刀流への挑戦に踏み出すための入団決断会見は、岩手県の奥州《おうしゅう》市内にあるホテルプラザイン水沢の大広間で午後六時から開かれた。大挙して押しかけた報道陣。十数台並ぶテレビカメラの前では、大谷を追い続ける日々で色褪《いろあ》せたノートとボールペンを持った多くの記者が、固唾《かたず》を呑《の》んでその瞬間を待っていた。おびただしいフラッシュの光を浴びて、大谷翔平が会場に姿を現したのはその直後だった。

笑顔はない。だからといって、険しさを浮かべているわけではない。ただ一点を見つめるかのように、凛《りん》とした表情で言葉を噛みしめる姿が僕にとっては印象的だった。

「重かったですね……」

質量のある言葉に当時の心境が透けて見える。実感を込める大谷はこう続けるのだ。

「岩手県で会見をしましたけど、あれほど緊張する一日は本当にないんじゃないかと思いますね。あれだけのカメラの前で発言することもなかったですし、世間を騒がせてしまったのでなおさら……。18歳の僕には重かった。緊張したのを覚えています」

会見では、歩むべき道が決まった嬉しさよりも、決断までに時間がかかったことをまずは謝罪した。日米問わず、各球団関係者を含む自らの進路に関わってくれた多くの人に対して「申し訳ない気持ちがありました」とも言った。記者会見での言葉は、あらかじめ考えていた。伝えたい思いを自分なりに整理していた。

《本日、北海道日本ハムファイターズさんに入団させていただくことを伝えさせていただきました》

自分の名前とともにそう語った瞬間、会見前に考えていた言葉は消えた。頭のなかが真っ白になったのだ。それでも粛々《しゅくしゅく》と語った。会見での言葉は、18歳のありのままの思いだった。

あの日は……そう言って入団決断会見が行われた当日のことを思い浮かべるのは大渕だ。

「実は十二月九日は、これ以上は『交渉がない』という日だったんです。ホテルの会議室で我々球団側と大谷家側が会って、そこで最終の回答をもらうという話でした」

結果的に入団の意思を伝え聞くことになるのだが、回答が「NO」の可能性、要するに入団拒否の可能性がなかったわけではなかったと大渕は言う。

「可能性はありました。大谷家側がその場に来てくれていたので、きっと入団に対して前向きな話を言ってくれるだろう、入団の意思があるから来てくれているのだろうという思いはありましたけど。そう思う一方で、非常に礼儀正しいご家庭なので、たとえ断るとしても正面から断ることをなさる可能性も我々は感じていました。だから正直、最後の回答をいただくまではどうなるのかわからなくて、不安でした」

それだけに、不安が目の前から消えたときのことを大渕はよく覚えている。重く伸し掛かっていた肩の荷が、やっと下りたのだ。

「指名からそこまで本当に長かったですからね、ものすごく笑って喜ぶという気分ではなかった。ホッとしたということしかなかったですね」

現場の責任者として大谷と歩むことになった栗山監督には、大渕とはまた違った感情が生まれていた。

「入団が決まったときは、怖かった。本当に怖かったです。入ってくれて『ヨッシャァ！』と思ったのは〇・五秒ぐらい。絶対に何とかしなきゃいけないと思ったら、それは怖かったです。嬉しいとか良かったとか、そう思う時間はなかったですね」

入団が決まったその日、栗山監督は中尊寺にいた

雪が舞う、その日。

栗山監督は岩手県西磐井《にしいわい》郡平泉町にある中尊寺にいた。

天台宗東北大本山の寺院である中尊寺は、平安時代の浄土教建築の代表例で国宝にも指定されている金色堂《こんじきどう》をはじめとした文化財をいくつも有している。その場所は、かつて平

泉を中心に東北一帯を支配下に治めていた豪族の奥州藤原氏三代にゆかりある寺としても有名だ。もともとは平安時代後期の武将だった奥州藤原氏の初代当主であった藤原清衡《ふじわらのきよひら》が、西暦一一〇五年に創建に着手したとされているが、その中尊寺がある平泉は、基衡《もとひら》、秀衡《ひでひら》、泰衡《やすひら》とつないだ奥州藤原氏によって約百年にわたり京の都にも負けない華やかな文化が栄えたという。

大木に囲まれた急勾配の坂道を登っていくと中尊寺の本堂が見えてくる。そこからさらに奥まったところに金色堂が鎮座する。

「京都とはまた違う雰囲気がそこにはあった」

そう語る栗山監督は、中尊寺を訪れたあの日のことを言葉に重みを持たせながら話し始めた。

「キャスター時代の僕は、菊池雄星がいた、そして大谷翔平がいた花巻東高校の取材を多くさせてもらいました。そういう流れのなかで、キャスター時代のあるときにミーティングを終えた花巻東高校の一室の黒板に字が残っていたんです。『黄金の国、いわて』と。そこには『黄金とは人なんだ』という佐々木監督のメモも残っていました。僕は『なるほどな』と思いましたね。かつて奥州という地に日本でもすばらしい国を作り、その地に金色堂みたいなものを作った。たぶん、そういう流れのなかから菊池雄星や大谷翔平という人材が出てきた。キャスター時代から尊敬している花巻東高校の佐々木監督がそれを信じ切ったから、信じてやったからこそ、あそこ（花巻東高校）に彼らのような人材が集まって、ああいう選手が出てきたんだと僕は本当に思ったんです。

佐々木監督から選手をお預かりする。そういう気持ちでしたし、今でも僕は『佐々木監督からお預かりした』という感覚なんです。佐々木監督の代わりに、翔平が成長するための手伝いを何とかするんだと思っていました。だから、少しでも栄華を極めたもの、あの場所で作られたものに触れて何かを感じ取りたかった。真剣に岩手の子を育てようとした佐々木監督の思いを感じ取りたかった。そういう意味で僕はあの日、中尊寺へ行きました」

中尊寺の空気感を肌で感じて「こういうことなのか……」と改めて思った栗山監督は、絵馬に「大きな夢を世界に羽ばたかせる」と書き残したという。

ちょうどそのとき、中尊寺にいる栗山監督のもとへ一本の電話が入った。大谷の父・徹さんから日本ハムへ入団する本人の意思を会見直前に伝えられた佐々木監督からのものだった。

一連の騒動があった期間はもちろん話をすることはなかったが、二人が会話をするのは久しぶりのことだった。

佐々木監督が思い起こす。

「電話をしたら中尊寺にいたんですよね、栗山監督は……。それを知って『本気だな』と思いました。いい加減な気持ちで大谷を獲りにきたんじゃないということがわかりました。

かつて岩手には、平泉という地で都に負けない国を本気で作ろうとした先人たちがいた。中尊寺の金色堂は、金箔《きんぱく》に彩られた建物です。その輝きと、繁栄した文化からその地は『黄金の国』と呼ばれたそうです。でも、私は思うんです。黄金の国と呼ばれる所以《ゆえん》は、決してきらびやかな建物があるからではない。国（岩手）の人材こそが黄金なんだ、と。だからこそ、岩手は『黄金の国』と呼ばれたと思っています。黄金の人材こそが我々岩手の誇りでもあります。そういうものを感じ取ろうとして、岩手の先人たちが築いたところへ行き、大谷が育った土地はどんな場所なんだということをよく理解した上で大谷を育てようとしている。電話をしたときは栗山監督のそんな思いがよく伝わってきましたし、『今、中尊寺です』という言葉を聞いて驚きました」

その電話口で、栗山監督は佐々木監督に対してこう言ったのだという。

「佐々木監督が言う『黄金の人材』を、これから預かることになります」

栗山監督は言う。

「今でもその気持ちに変わりはありませんが、僕が勝手に大谷を育てるとはぜんぜん思ってもいませんでした。翔平のご両親であり、花巻東高校の佐々木監督であり、流石部長であり、そして翔平の仲間であり、すべての人たちがあそこまでの人間にしたと思っています。岩手で過ごした時間のほうが成長過程においては大きいと思っています。プロ野球では、その土台のなかで翔平自身が頑張って作っていくものを我々が手伝っただけ。土台を作り上げたみなさんに対する尊敬や敬意は、ウチのチームの人たちもわかっています。ですから、大谷翔平のベースを作ったのは、間違いなくご両親が作った環境や教育であり、そして佐々木監督をはじめとした花巻東高校だと思っているので、僕はそれを壊さないように、ひたすら五年間やったというのが正直なところです。プロでの五年間を、翔平のご両親や佐々木監督が喜んでくれているのであれば、それは一番嬉しいことですね」

岩手が与えた影響

岩手という地で十八年の歳月と時間を過ごした大谷を栗山監督はこう見つめている。

「翔平は、世の中的なものに左右されていないですよね。大自然には人間はかなわないということを、頭では考えたことがないと思いますが、彼は何となく体で感じ取っているんじゃないですかね。前にこんなことがあったんです。あと3イニングスを投げれば防御率のタイトルを二年連続で獲れるというときに、僕が『どうする?』と訊いたら、翔平は『どっちでもいいです』って。結果的にそのときは投げさせなかったんですが、改めて当時のことを訊いたら『うぅぅ〜ん、(タイトルを)欲しくないというわけじゃないんですけど、どっちでもいいですよね、そういうのは』みたいな感じで言うんです。そういう価値観なんですよね、翔平は」

大谷が持つ人間性は、いわば田舎である岩手県で生まれ育ったことと無関係ではないような気がする。もちろん一概に言えることではないが、田舎の環境が何かしらの形で彼の人間形成に影響したと僕は思うことがある。大谷の性格をよく知り、自らは新潟県出身の大渕はこう語るのだ。

「大谷はマイペースというか、いい意味で『計算をしていない』ところがあると思います。たとえばゴールが決まっていて、そこにいくために一番効率の良い答えや方法を求めようとしていない感覚みたいなものがある。もちろん野球の技術などはそういう考え方かもしれないですけど、彼の生き方として、計算して物事を判断するのではなくて何か湧《わ》き出てくるものに従って行こうという、すごく自然な生き方をしていると思います。何かをしたいと思えば自分の湧き出る思いに従ってするし、したくないと思ったらしない。寝たいと思えば休日は寝ている。自分の本能に従って生きている感じはします。それが堂々とした形になっていますし、それが伸びやかで大らかな部分なのかなあと思うこともあります。その感覚や感性というのは、田舎の環境から生まれたものかもしれませんね」

一方で、大渕は岩手県にある大谷家には独特の空気が流れているとも言う。

「家のなかには神奈川県の横浜の匂いがそのまま残っているというんですかね。岩手の自宅でありながら、神奈川で育ったお母さんが持つ感覚や感性が広がる。洗練された考え方というものが大谷家にはあると思います。ただ一方で、一歩外に出れば伸びやかな世界があって、非常にバランスがいいと思いますね。都会と田舎がうまく混ざり合い、すごくいいバランスで組み合わさっている印象を受けます。岩手という地に移ってから、お母さんが岩手県民として、水沢市民として、本当にうまく順応し、周囲とのコミュニケーションがしっかりと取れていることでバランスの良さが生まれているとも思います」

「都会」という物差しがあるとするならば、それは人口や情報量の多さであり、商工業や文化が発達している場所となるだろうか。満たされるものが多いだけに、そこに夢を抱いて多くの人が密集する。ときには心の温もりを探しながら、少しだけの孤独感を覚えながら。刺激的なものを目や肌で感じ、それぞれの感性は磨かれていく。それは人間形成において大きなメリットと言える。

ただ、「田舎」には田舎の良さがある。土地柄や家庭環境、そしてもともとの性格の違いによってすべてがそうとは言い切れないのだが、人と人の深いつながりであったり、そこから生まれる心の豊かさであったり。佐々木監督は岩手県の環境をこう語る。

「関東で過ごしていた時期が多少はあるので、逆に田舎者の弱さを感じることもありますよ。たとえば、のんびりとしたところや遠慮がちなところ。スポーツにおいてはその気質が勝負弱さにつながることもあります。だから生徒には、一度は外へ出てみなさい、外の世界を感じてみなさいと言うんです。ただ、田舎の良さはたくさんあるんです。素朴さや純粋さ。ご近所の人とのつながりや、地域の活動を通したつながりが多いだけに、人を大事にする思いやりの心や優しさが自然と生まれる環境がある。岩手という土地柄もそうだと思いますし、岩手の県民性を誇りに思っています」

佐々木監督はいつも、選手たちにこう語りかける。グラウンドに出たら「牙《きば》を出せ」と。闘争心や負けられないという強い気持ちをグラウンドに出た瞬間に持ちなさい、と。ただ、グラウンドを一歩出たら「牙をしまえ」と言う。要するに、岩手県出身の選手たちの強さと弱さをうまくコントロールしながら、野球においては「心の牙」を出すことを求めるのだ。「ただね、大谷翔平というのは心の中で牙を出したり引いたり、勝手にやってしまうんです。ピッチャーとバッターで、それぞれに牙の使い方が違うんです。スイッチの入れ方というんですかね。岩手県民の本質も心の中に持ちながら、そういったことが上手い子なんです」

人としての「生き方」

大谷の感性を引き出し、そこに芽生えた発想を拾ってくれたのは、他ならぬ佐々木監督だった。教育者としての経験も持つ大渕はこう話す。

「教育というと、何か大人が教え込もうとするのが教育だと世のなかではとらえられていると思うんですね。テストで点を取る方法や高学歴の大学にいくための方法。あるいは、より良い豊かな人生やスムーズな生き方。なにか『HOW TO』モノを子供たちに教え込むのが教育ととらえているイメージが僕にはあるんです。そのなかで、大谷の場合はすごく自然に育てられて、お父さんやお母さん、あるいは地域の人が彼の喜怒哀楽を全部受け入れていたような印象を受けます。彼が生まれ持った信念、あるいは発想というのが、そういう環境のなかでずっと育まれてきたと思います。私はそれが一番大事なことだと思うんです。

あとから作る、いわば後天的な教育というのは、よりスムーズにこの社会を生き抜くためのものです。家族あるいは地域で育まれた純粋な発想や、自分の発想に従うこと、あるいは自分を信じることがあって初めて後天的な教育があり、それぞれが相乗効果として表れていくものだと思います。そういう意味では、大谷のご両親を見た瞬間に、これは伸び伸び育っているなと感じました。特にお母さんが持つおおらかさと明るさ。スポーツが好きだというところも加えて、本当に伸び伸びと育てられて、大谷は成長してきたんだと思います。

そしてそこに花巻東高校の佐々木監督の教えがあった。指導者というのは、情熱がないとダメだと思うんですね。情熱のなかには愛情もあると思うんですが、佐々木監督には『情熱』という言葉がよく似合う。栗山監督もそうです。実は私も指導者を目指していましたが、お二人を見ていると、とてもかなわないと感じます。佐々木監督は、指導者として一番大切なものを持っている方だと思います」

情熱を絶やさずに大谷と歩んだ日々に視線を送りながら、佐々木監督は人間の成長についてこう語る。

「人の成長とは、可能性を伸ばしていくこと。自分よりも高いレベルの人たちと常に付き合っていくことが、成長するための大事な要素だと思います。足が速くなりたいと思えば、速い人の傍《そば》へいけばいい。勉強ができるようになりたいと思えば、勉強のできる人の近くへいけばいい。常に高い人の傍で競い合っていけば、何の分野でも成長するものだと思います。今、大谷は自分を成長させるために、さらに高いレベルの人たちの傍へいこうとしている。たとえ今は追いつかない存在かもしれませんが、彼らに追いつきたいんだと思っているはずです」

その成長や成功を摑むためにも、人としての「生き方」こそが大切なんだと佐々木監督は話す。野球人としての成功よりも、まずは社会的な人間として、生き方を考えられる人になってほしい。常にそう思っているのだ。

大谷が高校を卒業する日。佐々木監督は大谷に一冊の本を手渡している。

夢をどのように描くのか。その描いたものをどう実現していくのか。人間として一番大切なことは何か。

手渡した『生き方』(稲盛和夫著)という本には、佐々木監督の教えが詰まっていた。

「私が心配することではなかったんですけどね、プロへ行くときにはそんな本を贈りました。本人が読んだかどうかはわかりませんけどね」

佐々木監督は照れくさそうに微笑み、教え子が岩手を離れて旅立ったあの日のことを、そっと思い浮かべるのだ。

「あの本、読みましたよ」

そう言う23歳になった大谷は、再び時計の針を高校時代へ戻した。

「本当の意味で自分が変わったのは佐々木監督と出会い、ミーティングなどでいろんな話をしてもらったから。監督の指導、言ってもらうことは、僕にとって新鮮でしたから」

それは恩師へ、そして岩手という地へ向けた、大谷なりの感謝の言葉に聞こえた。

第四章

北の大地

不安よりも興味が勝る

日用品をトランク一杯に詰め込んだコンパクトカーが、冬の東北自動車道を南へ走る。千葉県鎌ケ谷《かまがや》市にある北海道日本ハムファイターズの選手寮を目指すその小さな車には、父の徹さんと母の加代子さん、そして坊主頭から数センチだけ髪が伸びた大谷翔平が乗っていた。二〇一三年、世間に正月の空気がまだ残る年明け間もない一月のことだ。

日本ハムの『勇翔寮』に入寮した日のことを徹さんはよく覚えている。

「テレビやら何やら、いろいろと車に積んでいくものがありましてね。今思えば宅配で送ればよかったんですけど、あのときは荷物も乗せて車で行こうということになりまして。向かう途中、栃木県の那須《なす》あたりで一泊しました。プロ入りしてからは、みんなで会える日もなかなかなくなるだろうということで」

三人で宿泊したホテルでの様子を話す加代子さんの記憶も鮮明だ。

「ホテルのバイキング会場で夕食と朝食を摂《と》ったんですが、そのときにコックさんが『大谷くんじゃないか、頑張れよ』って言ってくださって。サインを求める方もいたりして。ちょうどその時期、翔平がテレビなどで紹介されることも増えていたんですが、私としては、まだプロでプレイしていないのにそんなふうに声をかけてくれるんだと思って、ちょっと驚いたりしたものでした」

大谷自身も、家族三人で過ごした時間を忘れてはいない。

「覚えていますよ。たしか温泉に寄って。プロに入ってから、ああいうふうな家族との時間はなかったので、そのときはあまり思わなかったですけど、今思えば良い思い出ですね」

息子は少し照れくさそうに語るのだ。


初々しくも、新たな扉を開けたその日から、大谷のプロ野球人生は始まった。千葉県から北の大地へ舞台を変えながら、色濃い五年という歳月を突っ走った大谷は、過ぎ去った日々をこう振り返る。

「あっという間の五年間でしたね。日本ハムでプレイできてよかった。それは、入ってすぐに思いました。やっぱり球団としてしっかりとしていると思いますし、そのなかでプロでの時間をどうやって進めていこうかということを毎日毎日一生懸命に考えてもらい、その方向性を探してもらったと思うので、本当にありがたかったと思っています」

ピッチャーとバッターの「二刀流」。それは、先人たちの誰もが本腰を入れてやってこなかった、それまで誰もが想像できなかった新たな挑戦だった。プロ野球の過去を紐解《ひもと》けば、シーズンを通して投打で活躍した往年のプレイヤーはいる。ただ、それはあくまでも一過性のもので、二刀流を極めて、その道を貫こうとするのは大谷が初めてだった。

「そこばかりに固執しているわけではないですけど、他人と違うことをやったときに、どういう結果になるのか。そんな自分自身に対する興味が、あの当時は大きかったと思います。今でもそうですけど、どうなるのかという不安よりも興味のほうが勝っていたと思います」

高校卒業前のプロ一年目のスプリングキャンプでは、初日から投手と野手の練習メニューを同時にこなす大谷の姿があった。背番号「11」が、それぞれに分かれた練習日程表に記されている。ブルペンへ入ったかと思えば、野手陣とともにバッティングケージで打ち込む。その姿に「苦労」や「大変」という言葉を、勝手に連想する人は少なくなかった。

だが、大谷自身にはそんな感覚はまったくなかった。

「両方やることは大変だとよく言われますけど、単純に練習を二倍やるわけではありません。トレーニングで言えば、投手と野手、両方に共通するようなメニューを一貫してやる。技術的な部分では、ピッチングもあればバッティングもあるので、その二つをやらないといけないですけど、単純に練習量が増えるというわけではないんです。みなさんが考えている以上に効率よく練習をしていました」

ピッチャーとバッターの両面の顔を持つことに対して、チームメイトの反応はどうだったのか。それぞれの分野のスペシャリストが集まる世界だ。二刀流を目指す大谷への風当たりが強かったとしても不思議ではない。

「初めは何か言われるのかなあと思っていましたけど、さすがにみなさん大人ですしね。

両方やることに対して何かを言う人はいませんでした。内心はどうかわかりませんけどね」

大谷はニヤッと笑う。そしてこう続けるのだ。

「言うのは、テレビのコメンテーターぐらいだったんじゃないですか」

プロ野球のOBである野球解説者を中心に、二刀流に対する批判的な目と声があったのは事実だ。「ピッチャーとバッターのどちらか一方に専念したほうがいい」「二刀流は体への負担が大きい」「結果的に、どちらの才能も失ってしまう可能性がある」。多くの見方は、二刀流の可能性を否定するものだった。それでも、周囲の雑音を気にせずに大谷は前だけを見据えた。

「両方をやることに対して、自分の気持ちがブレることはなかったですね。もともとがあまり周りを気にしない性格というのもあるんですが、どれが正解ということもないですし、たとえ両方をやることが失敗だったとしても、自分にプラスになると思っていました。逆に僕は、いろいろと言われないよりも、言われていたほうがいいと思っていました。言ってもらったほうが僕のなかで『やってやるんだ』という気持ちが強くなるんじゃないかと思っていたところもあったので。あと、もしもこの先、ピッチャーとバッターの二つをやりたいと思う子が出てきたときに、僕の挑戦が一つのモデルになって、たとえ失敗だったとしてもそれを成功につなげてくれればいいという思いもありました」

大谷は、あくまでも個人的な考えとして「二つをやりたいという気持ちがあれば、やったほうがいい。そういう選手がいてもいいんじゃないかと思う」とも話す。

大谷にとって高校時代の恩師である花巻東高校の佐々木洋は、かつて二刀流に挑むプロ一年目の教え子にこう訊ねたことがあったという。

「実際に二刀流をやっていて、周りの声は気にならないのか？」

大谷は「気になりません」と言い切り、「とにかく楽しいです」と言葉を返したという。

佐々木監督が思い起こす。

「周りから見れば非常識なこと、あるいは初めてのことは、いろんなところから叩かれることがありますよね。でも、そんな状況でも、大谷はまるで野球少年のように『楽しい』と言うばかりで。プロ一年目のあたりに二人で話したことを今でもよく覚えています」

ピッチャーとしての礎

日本ハムでの五年間を通し、大谷の記憶にインプットされているシーンはいくつかある。

たとえば、プロ一年目の開幕戦（西武ドーム）。球団の高卒新人では五十四年ぶりとなるスタメン出場を果たした二〇一三年三月二十九日のオープニングゲームは、はっきりとした記憶として残っている。「八番・ライト」の大谷は、埼玉西武ライオンズとの一戦をこう振り返るのだ。

「開幕戦は僕にとって特別でした。前日から緊張や不安があるなかでもワクワクしたのを覚えています。最初の打席で見逃し三振をしたこともそう。今でも思い出せるぐらいに覚えています」

西武の先発マウンドに上がる右投げの岸孝之（現・楽天）と対峙し、初球はインコースへのストレートでストライク。差し込まれてファールを続けるなか、最後は見逃し三振に終わった第一打席。ラストボールは、初球と同じインコースへのストレートだった。

「開幕戦は各球団ともにエース級の投手が投げてくる。岸さんと言えば、日本を代表するピッチャー。最初の打席は圧倒された感じがありました」

とはいえ、やはり並みの新人ではない。第二打席以降で二本のヒットを放って1打点。プロ入り初の公式戦でヒーローインタビューのお立ち台に上がった。

「巡り合わせもあったと思いますし、たまたまそうなった感じ。ただ、少しは自信になったところもあったので僕にとってはすごく良い開幕戦になりました」

ちなみに、これまでの大谷は打席で足が震えるような感覚を味わったことがないという。

「打席でそういうことは一回もありません。ピッチャーのほうは緊張しますが、打席で緊張したことはないですね」

一年目の開幕戦も変わらぬ感覚で打席に立った。

ピッチャーとして最優秀防御率、最多勝、最高勝率の三冠に加え、初のベストナインにも選出された二〇一五年の三年目は、自身初の開幕投手を務めた。それもまた大谷にとって「嬉《うれ》しかった」記憶として残る。

「あわよくば三年目に開幕投手をやりたいと思っていたし、目指していたので嬉しかったですね」

栗山英樹監督から開幕投手を告げられたのは、開幕戦から遡《さかのぼ》ること約一カ月前の二月二十日。沖縄県名護《なご》市で行なわれていたスプリングキャンプでのことだった。伝え聞いた大谷は、栗山監督から手紙も渡された。

「今でもその手紙は持っています。『任せた』という言葉が書いてありましたが、監督からそう言われたことが嬉しかったですね。それまで経験したことがなかったところ（開幕投手）で投げることは自分にとってプラスになると思いましたし、責任を持って投げたいと思っていました」

本拠地・札幌ドームでの楽天戦で先発した大谷は、シーズン開幕戦で勝利投手になった。そこでの勝利が示す通り、シーズン当初からピッチャーとして好調をキープした。最終的には、プロ五年間で最多となるシーズン十五勝をマーク。二刀流を進めるなかで、ピッチャーとしての礎《いしずえ》は築くことができた。

「開幕戦で勝って自信を持てたというのはありますが、技術的にオフに取り組んできたものを春に調整して、良いタイミングで開幕戦に入れたことがよかった要因だったと思います」

三年目に限ったことではなく、大谷はシーズン中に出た課題をオフシーズンに取り組み、自分にとっての綻《ほころ》びを一つ一つ縫い合わせ、ときには消す作業を毎年行なった。

「オフに取り組んできたものが試合で出来たときはもちろん嬉しいですけど、練習のなかでも『うまくなる瞬間』を感じるときがあります。そういうときは嬉しいですね」

うまくなる瞬間――それはある日、突然訪れるものだろうか。

「僕は、ある日、突然来るんですけど、それは継続していないと来ないものだと思っています。そうじゃなければ、その感覚まで至らない。継続していって、ある日突然『これだ！』というものが出てくるんです」

その継続の力を持ち合わせていることを前提としながら、大谷は「一種の閃《ひらめ》きみたいなものも大事」だと話す。

「休んでいる間でも『こういうふうにやってみようかな』と閃いたりすることがあります。ノートに書くこともありますが、僕はそのままウエイトルーム、室内練習場へ行って、その閃きを試すことが多いですね」

たとえば、ふと手のひらに転がり込んできた「成長の種」に水分を与えるかのように、大谷は打撃マシンを相手に自らのイメージをぶつけることがあった。

「寮にいれば二十四時間、練習をする環境はあるので、思ったらすぐにやっちゃいましたね。部屋で何かの映像を見て、試してみたい、やりたいなと思ったらすぐに下へ降りて行く。やったとしても五分か十分で終わるんですよ。そのチャンスを逃すか、逃さないか。五分、十分を惜しんで、(成長する)チャンスを逃すことがあるかもしれない。そこにあるはずだった閃きが、たとえば一年後に来るかもしれないけど、その一年は無駄というか……いや無駄ではないんですけど『もっと早くできた』『試すことができたはずなのに』となるかもしれない。体力を優先したほうがいいときは、そっちを優先して寝ますし、明日はこれをやってみようと思ってワクワクしながら寝るのも好きですけど、基本的には閃いたらすぐにやっていましたね」

何も変わらないより、何かを変えていったほうがいい

大谷はいつだって、変化を求める。

そこに自分を成長させてくれるヒントが隠されているのであれば、まずは試して変化を実感してみる。仮に求めていた変化とイメージが違えば、また別の「変われる自分」を追い求めるのだ。

プロ入り三年目のシーズンが終わり、オフのトレーニングを経た大谷の体が飛躍的に大きくなった時期があった。腕周りや肩周りの筋肉、または胸板が明らかに膨《ふく》らみを増し、体重は100キロ台になった。変化を求め続ける大谷の姿がそこにはあった。

「変化はいつも求めていますね。フィジカルに関しては継続していった部分もありますが、その時々で自分に一番足りないものをチョイスして、その足りないものに対して、より力を入れた年もあります。プロ野球選手って、実質、オフの期間は三カ月ぐらいなので、やれることは結構限られているんです。全部やろうと思ったら中途半端になってしまう。『このオフは、これを徹底的にやる』と決めたほうが効率よく進んでいくと思っていましたし、実際にそうでした」

傍目《はため》から見れば、筋肉量の増加は急激な変化のようにも思えた。特に肩周りや胸板の上積みは、大谷が本来持ち得るピッチングの「柔らかさ」を失う原因になるのではないかと感じたものだ。筋肉量の増加がピッチングの弊害にはならないだろうか。そこに対する大谷の不安はないだろうか。僕はそう思わずにはいられなかった。しかし、そんな見立てはどこ吹く風とばかりに、大谷はこう言うのだ。

「不安はなかったですね。(体が)大きくなると言っても、ある日突然に体重が100キロになるという話ではないんです。一日一日のフィーリングがあって、数週間単位でちょっとずつ大きくなっていって、そのなかで打って投げる。そこでのフィーリングを大事にしながら、『もうちょっといけるな』と思いながら、また取り組んでいく。だから、周りの人が思っているように、いきなり体が変化するわけではないので、体の変化への不安はありませんでした」

さらに、「変化」に対してこう言葉を加える。

「何も変わらないより、何かを変えていったほうがいい。何も変わらなかったら、前の年と同じ結果になる可能性は高いですし、変化を求めていったほうが僕は楽しいと思うんですよね。これが良かった、これが悪かった。そういうのを繰り返したほうが面白いんじゃないかと思うんです」

ピッチャーとして、そしてバッターとしても日々成長を求めた年月。自らが持つ「伸びしろ」を感じ取っていたからこそ、大谷は前へ、前へ突き進んだ。大谷にとっての日本プロ野球での五年間は、自身が思い描いていた歩みと重なる部分はあっただろうか。

「プロ入り前は多少のプランもありました。こういうことが一年目にできなかったから、二年目にはこういうことができるようになりたい。そして三年目はこうだ、四年目はこうだ、と。本当に漠然としたものはありました。でも、自分のなかで鮮明に何かを描いていたわけではないんです。本当に一日一日の継続。そして一年が終わったときにそのシーズンを振り返って、また次のことを考えて進んでいく。そんな感じの五年間だったので、このぐらいになりたいとか、五年目にはこういう選手になりたいというものが鮮明になくて……。おそらくピッチャーだけ、あるいはバッターだけでしたら、立てやすい目標もあったと思うし、描きやすい未来もあったと思います。でも、なかなか参考になるものが僕にはなかったし、基準となって『だから自分はこうなんだ』というものがなかったのはたしかです。だから、一個一個、自分で作っていく。僕にとってはそれがよかったと思います」

「コイツ、絶対に二つやれる」

「能力ではなくて、ああいうモノの考え方をできる選手とは二度と会えないと思う」

五年間をともに過ごした大谷を思い浮かべて、北海道日本ハムファイターズの栗山英樹監督はそう話す。

同じ空間を、多くの時間を、栗山監督は大谷と共有した。ただ、そこには楽しさや嬉しさばかりがあったわけではない。むしろ、苦労のほうが何倍も、何十倍も多かった。

「苦労を百個挙げろと言われれば挙げられるぐらいにあります。本当にこれだけ投げさせて大丈夫なのか？　バッターで出して大丈夫なのか？　そんなことを常にギリギリまで考え続けましたし、試合に出ていても心配だった。とにかく、壊さずに。翔平に元気に野球をやらせるということだけだったんですけど、それが本当に難しかったという印象があります」

当初は、二刀流に対する評論家たちの辛辣《しんらつ》な言葉もあった。チームを率いて、大谷翔平という人材を預かる栗山監督の育成法や起用法について厳しい言葉を投げかける人たちもいた。

「周りの声に関して、最初は翔平の耳に入ることを心配しましたね。本人に『大丈夫か？』と訊けば『何のことですか？』『何にも聞こえてきていませんけど』と言う。僕のことまで気を遣っているようなコメントばかりする。結構、耳に入っているはずなのに。そういう状況で、大きな夢を持った18歳の少年に、周りが『無理だろう』と言ってしまう。彼の思いを止めようとしてしまうところが、僕はすごく気になっていました。いくら強い人間でも、そういう状況になれば『本当にいいのかな？』って考えてしまうと思うんです。でも、翔平は強かった。僕よりも強かったですね。ただ、翔平は本当に野球界の宝なので『何かあったらどうしよう』と思っていました。自分が監督を辞めたぐらいでは責任が取れないので、そのことがすごく怖かった、毎日、毎日。でも、僕は絶対に『できる』と信じていました。五年間、一回も『二刀流ができない』と思ったことはありません。翔平の本質がわかってくれれば、必ずみんなもそうするはずだと僕は信じていましたから」

栗山監督が大谷の本質を見たのは、一年目のスプリングキャンプでのことだ。全力疾走する姿を見て、「コイツ、絶対に二つやれる」と思ったのだという。

「走塁って、選手の野球観がすごく出ると思うんです。走る姿、全力疾走する姿に野球観が見えやすいと思うんですけど、僕は最初のキャンプの紅白戦で『大谷翔平の本質』を見たような気がしました。一塁を回って急に加速してツーベースヒットにしてしまったときです。その走塁を見て、僕は『二ついける』と思いました。たとえば、チームがまだ負けていない。だから、最後まで全力を尽くす。そういう姿も常に見せてくれましたし、野球が持っている本質を彼は体現し、実践してくれていた。それこそが大谷翔平だと僕は思っています」

「宿題」は重ければ重いほどいい

ただ、そんな大谷が「楽しそうじゃなかった」と思えた瞬間があったと栗山監督は言う。それは二〇一六年、四年目のシーズンを迎えたばかりの春先の頃だ。

「開幕から本当に勝てなかったというのもあると思いますけど、その年のシーズン初めの頃は翔平が野球をやっていて楽しそうじゃなかった。記録や数字を残すことは彼の価値観にはなくて、本当に誰もがやったことのないことをやってみたいとか、こうやったらどうなるんだろうとか、そういうところに彼の価値観はあるんです。そして翔平の良さって、本当に野球を楽しそうにやってくれているところ。そういうときこそ、ものすごく結果がついてきますし。ところが、あの年は開幕から全然楽しそうじゃなかった。結果もついてこなかった。翔平が結果を出さないと優勝しないと思っていたので、どうやったら楽しそうな野球になるんだろう？　と僕は考えていましたね」

当の本人は、二〇一六年のシーズン当初をこう振り返る。

「良いピッチングをしてもなかなか勝てなかったですからね。勝ち星を求めたがるのが先発ピッチャーなので、これはどうしたもんかと思いました。そこは自分ではコントロールできないところがありますし、運もあるので難しかったところはあるんですけど。ただ、その後、チームが優勝争いをしていったことが僕のなかではよかったというか、救われた感じがありましたね。結果的に最初は勝てなくて苦労しましたけど、『優勝できればいい』って素直に思えました」

大谷の復調こそが優勝のカギと思っていた栗山監督は、交流戦前に一つの策を講じた。DH（指名打者）を解除しての六番での起用である。つまり、ピッチャーとバッターでともに出場するリアル二刀流で、開幕から眠ったままの大谷の本能を呼び覚まそうとした。栗山監督は勝負の一手に出たのだ。

「本当の意味で巻き返すところは交流戦だと思っていたので、その前に手を打とうと思いました。僕のなかで、もっと難しい宿題をやらせたほうが翔平らしくなるんじゃないかというか答えになったんです。いや答えというか『それしかないんじゃないか』と思ったのが正直なところですね。そのときに、翔平ってやっぱりこういうヤツなんだと、宿題が重ければ重いほどに必死になっちゃうヤツなんだというのを感じました」

勝負の一手は五月二十九日の東北楽天ゴールデンイーグルス戦。栗山監督が「六番・ピッチャー」の起用を本人に伝えたとき、大谷はいつも通りに「わかりました」と言うだけだったという。

「なんのリアクションもなかったですね、相変わらず」

栗山監督は笑みを混ぜながら、こんなエピソードも話す。

「それまで『ピッチャー・大谷翔平』が行くときは、『バッター・大谷翔平』は寝ちゃっていたんですよ。要するに、リアル二刀流で行っても翔平は打たないんです。たぶん無意識に、どちらかと言ったら苦手なピッチャーのほうに意識を持っていかれて、バッターの意識が薄くなっていたような気がします。二つをいっぺんにやると、うまくいかないんじゃないか。それまでの経験で多少はそう思っていたんですけど、それをも超えて、二つとも必死にガーンと入っていった瞬間があったんですよね。楽天戦のあとの交流戦。札幌ドームでの阪神戦のときです。それまで立ち上がりはフワフワ、フワフワしていたピッチャーだったんですけど、はじめて初回から思い切りいったというか、全力でボールを投げたのが阪神戦で、僕はそのときに初めて『大谷翔平が前に進んだ』と思いました。大谷翔平が前に進むかもしれない、と。本当の意味で『翔平が二つをやり切っていく』ことをスタートさせたと思えたのが、あの阪神戦だったと思います」

「一番・ピッチャー・大谷」球史に刻まれた奇跡

交流戦での大谷がピッチャーとして当時の自己最速にして日本最速となる163キロを叩き出すなか、栗山監督はさらに秘策を練っていた。それは大谷への飛びっきりの宿題であり、日本中が度肝を抜かれたプランだった。

ヤフオクドームでの福岡ソフトバンクホークス戦。大谷は「一番・ピッチャー」でスタメン出場を果たしたのである。その起用について栗山監督はこう語る。

「前の年（二〇一五年）はソフトバンクにダントツに離されての二位。大事なところで三連敗したりすることが多くて。同じ轍《てつ》を踏まないための形があるならば、六月終わりから七月頭のところ（ソフトバンク戦）は三連勝しなければいけないと思っていました。ピッチャーでは高梨（裕稔）、有原（航平）、そして大谷翔平を相手にぶつけていって最後のところで三連勝しよう、と。ゲーム差があったので向こう（ソフトバンク）からすれば一つでも取ればいいという状況だったんですが、ウチとしては精神的な部分も含めて何か仕掛けを作って勝ち切っていかなければいけないと思っていました。そういうなかで、かなり前からその三連戦でも翔平を打席に立たせることを考えていた。どの打順が相手に一番プレッシャーがかかるのか、と。何となく『一番・大谷はどうかなあ?』って厚澤（和幸）コーチに言ったら、アツ（厚澤コーチ）は笑っちゃっていましたけどね。でもそれぐらい、度肝を抜くぐらいのことが必要だと思っていました」

《一番・ピッチャー・大谷翔平》

プロ野球においてピッチャーがクリーンナップを担うこともかなりの衝撃だが、大谷の一番打者での出場はそれ以上にインパクトがあった。起用を本人に伝えたときの大谷の反応を栗山監督は覚えている。

「あの表情は（二〇一七年シーズンの最終戦で）『四番・ピッチャーでいくぞ』と言ったときと同じでしたね。なんていうか……何も返事はしないんですけど、頷《うなず》きながら、すべてを呑《の》みこむみたいな。『わかりました』ではなく『わかっていますから、監督』『いきますよ、俺』という雰囲気でしたね、あのときの翔平は。その宿題を俺に任せてください、やってやりますからと言っているかのように。僕は、そういうところが欲しくて、いつもその表情を待っていたんですが、あのときは本当に良い顔をしていましたね」

栗山監督のビッグプランには、さらに驚きが待っていた。それは大谷の第一打席だ。誰もが想像し得なかった弾道が、センター後方やや右寄りのスタンドに吸い込まれる。プレイボールからわずか五秒後に訪れた奇跡にも似た瞬間に、ヤフオクドームは静寂後の歓喜に包まれた。プロ野球史上初となるピッチャーによる初球先頭打者ホームランだった。

「あぁ、これが大谷翔平なんだあ……」

ベンチの栗山監督はそう思いながら、何かを確かめるかのように悠々とダイヤモンドを走る大谷の姿を見つめた。

「度肝を抜かれるというよりも、これが大谷翔平なんだなって。説明しようがないですし、そう思わせる選手なんだけど、本当にこういう選手がいるんだなって思いましたね」

22歳を迎える誕生日の二日前。二〇一六年七月三日の〝衝撃〟を、大谷はこう振り返るのだ。

「初球は真っすぐしかないだろうなと思いながら、(ホームランを)狙っていくつもりというか、狙っていました。『一番・ピッチャー』というのは初めてで、『どうしようかなあ……』と思っていたんですけど、試合が始まる前から『真っすぐを思い切り空振りかホームラン、それぐらいの気持ちで行ってきます』と言っていました。そうしたら、まさかのスライダーがきて、たまたまバットに引っかかって飛んでいった。たぶん真っすぐがきていたら、ファールになっていたんじゃないかと思います。

あのホームラン、本当にたまたまなんですよ。狙ってはいましたけど、たまたま真ん中に抜けてきて、自分が狙っていない球がきて、たまたま振ったら飛んで入ったという感じ。自分がホームランを打つときって、ボールに反応してたまたま打つときと、自分が思い描いていた球種やコースがきて思い描いていた軌道で打球が飛んでいくときがあるんですけど、どっちかと言うと、あのホームランは前者のほう。だから、『してやったり』というのはなかったですね。本当にたまたまという感じでした」

黒いバットがスライダーをとらえた瞬間は「(スタンドに)入るかどうかわからなかった」という。だから、一塁ベースまで全力で走った。スタンドの歓声とともに弾道の着地点を確認できて、やっと走る速度を落とした。少しだけその空気感も味わいながら、直後のピッチングに備えて「なるべく疲れないように」と考えながら、ゆっくりとダイヤモンドを回った。

大谷は、球場の観衆はもちろん、新たな球史の目撃者すべてに衝撃を与えた一発を「たまたま」と繰り返す。言葉の通り、それは偶然の産物だったのだろう。だが、紛れもない事実として「一番・ピッチャー」の第一打席、しかも初球を叩いてのホームランが生まれたのだ。大谷が持つ星があるとするならば、やはりその輝きはとてつもなく大きく、どこまでも眩《まぶ》しい。そう感じさせるホームランであり、改めて大谷が持つエネルギーと可能性の大きさを感じずにはいられなかった。まさに「夢の架け橋」だった。

漫画の世界でもなかなか描けないような華麗なるパフォーマンス。しかし、初回からその光が大き過ぎただけに、逆に栗山監督は大きなプレッシャーに苛《さいな》まれることになる。その試合での指揮官は重圧に押し潰《つぶ》されそうになった。

「僕はあの試合が、五年間で一番、プレッシャーがかかりました。試合前に、『打席が回ってきたら、ホームランを打てばいい』と冗談で言っていたなかで、実際に翔平はホームランを打った。しかも初回に。だからこそ、絶対にこの試合は勝たないといけない、勝たないと優勝はない、そして翔平に申し訳ないと思いました。翔平自身が（ピッチングで）崩れちゃったら別ですけど、あれだけ『絶対に勝たなければいけない』と思ったことはなかった。そういう意味で、本当にあの試合は苦しかったですね」

結果的に勝利したことで栗山監督は胸を撫《な》で下ろすことになるのだが、大谷の初球先頭打者ホームランで幕を開けたソフトバンク戦は色とりどりの感情が交錯した。栗山監督にとって、忘れることのできない記憶の一コマとなった。

大谷翔平のベストゲーム

ソフトバンク戦を経て、シーズン後半を迎えた日本ハムは勢いそのままにリーグ制覇を果たした。栗山監督が考える「大谷翔平のベストゲーム」。それはまさにパ・リーグの優勝を決めた二〇一六年九月二十八日、マジック1で迎えた敵地での埼玉西武ライオンズとの一戦だ。ソフトバンクとの最大11・5ゲーム差をひっくり返しての四年ぶりの優勝だった。栗山監督が思い起こす。

「やっぱり翔平が1安打完封で優勝を決めた試合ですね。一番打者で初球ホームランを打った試合とかもありますけど、勝つために、そして優勝するためにすべてを投げ出すという状況で、翔平が結果を残したあの試合というのはすごく感動しました」

中六日で先発マウンドに上がった大谷は、四回表に味方打線が奪った1点を最後まで一人で守り抜いて優勝の瞬間を味わった。人生初の胴上げ投手である。「五回ぐらいで潰れるつもりでいった」という西武戦を大谷はこう振り返る。

「優勝はやっぱりよかったですよ。でもまさか、自分が最後まで投げて胴上げのマウンドのなかにいるとは思っていなかったので驚きました。ただ、実は『(出番が)回って来い』と思っていました。僕が優勝を決める試合で投げたいなって。来るなら来て欲しいなって。相手の先発が(菊池)雄星さんでしたし、(出番が)来て欲しくないという気持ちも少しはありましたけど、当日は、これはもう『決めろ』ということだなという感じでした」

ピッチャーとして最高の形である完封劇で優勝を決めた西武戦は、積み重ねてきたものが成果として表れた瞬間でもあった。

「この先もあると思いますけど、あの西武戦もそういう瞬間でしたね。やってきてよかった。そう思えた試合でした」

そして、札幌ドームでのクライマックスシリーズ(CS)・ファイナルステージ。その第五戦で、福岡ソフトバンクホークスを相手に最終回のマウンドに上がった大谷は、自身の持つプロ野球最速を更新する165キロを連発した。「三番・DH」でスタメン出場した大谷は、七回の第四打席を終えると、ブルペンで捕手を座らせて九回のマウンドに備えた。

「本当に『（マウンドに）行くのかなあ？』と思ってDHをしていましたけど、『行くかもしれない』と言われていたので準備はしていました。何やら『行く』ような雰囲気になったので、とりあえず（肩は）作ってはいたんですけど、そうしたら厚澤コーチが来て『行く』と言って。最初は困りましたけど、抑えられたので結果的にはよかった」

スピードガンは意識していなかった。だから、電光掲示板に映し出された「165」の数字は見ていない。「打者を抑えにいっていたので、見る余裕もなかった」と大谷は言う。自己最速となるスピードを狙ってはいなかった。とにかく目の前の相手を倒す。相手打線を抑える。その一心でキャッチャーミットをめがけて投げ込んだ。ただ、大谷に新たな感覚が芽生えたのは確かだった。

「先発しているときとはまた違う緊張感がありましたね」

その後に訪れる自身初となる日本一の光景も思い浮かべながら大谷はこうも言うのだ。

「日本一は初めての経験でしたし、あの年（二〇一六年）は、楽しかったですね。試合で勝ったときはもちろん嬉しかったけど、その後の優勝パレードでみなさんも喜んでくれているのかなというのを感じて、なおさら嬉しかったですね」

栗山監督にとっても、大谷とともに手にした「日本一」の景色には、幸福感にも似た何とも言えない嬉しさが溢れたという。

「翔平には、二刀流は勝つためにやるんだ、日本一になるためにやるんだとずっと言ってきましたので、日本一になった瞬間は、僕が言ってきたことが翔平に伝わったんじゃないかと思っています。彼がやろうとしたことができた。それが僕としては嬉しかったですね」

悩み苦しんだ最後のシーズン

日本ハムのユニフォームを着る最後のシーズンとなった二〇一七年は、前年の日本一からリーグ五位に沈んだチームにとって、そして大谷自身にとっても悩み苦しんだシーズンとなった。大谷は言う。

「怪我をしているときは楽しくないですよね。特に五年目（二〇一七年）は……。楽しくはなかったですよね」

シーズン終了後に三角骨骨棘《さんかくこつこっきょく》除去手術に踏み切った右足首の状態が影響し、二刀流の輝きは消えた。

「怪我をして、それがプラスになったということをよく聞くんですけど、怪我をしている最中は決してそういうことは思わない。今後、二年、三年、五年、十年後となったときに、あのときの怪我を教訓に生かすというか、何かあったときに過去の経験が生きていくということはあると思いますけど、決して怪我は良い方向に働くことはないと僕は思っています。悪いことは悪いことですし、怪我をしないに越したことはない。それを改めてわかったことが唯一、良かったことだと思っています」

そして大谷はこう続けるのだ。

「何もできなかったことに対しての申し訳なさを、今後どう生かしていけるかだと思いますが、五年目は苦しさというよりも、僕のなかでは『申し訳ない』という気持ちが強かった。シーズンが開幕して数試合でチームから離れましたし……。もうちょっと早く戻れるのかなあと内心では思っていましたけど、それなりに（復帰まで）時間がかかってしまって、チームに戻った頃にはそれなりに順位も決まっていた。本当に申し訳なさしかありませんでした」

バッターとしては開幕戦を迎えられたが、ピッチャーとしてマウンドに立てない時期が多かった。シーズン前に開催されたワールドベースボール・クラシック（ＷＢＣ）の代表を辞退した時点で、ピッチャーとしての遅れは「覚悟をしていた」という。それだけに、まずはバッターとして結果を出すことを心に誓って開幕を迎えた。しかし、大谷の言葉を借りれば「そのバッターすら、なくなった」のだ。やり切れない感情が何度も目の前を通り過ぎるたびに、大谷は珍しく気持ちの沈みを感じた。

それでも、最後は札幌ドームで魅せた。北の大地に溢れる声援に背中を押されながら、先発マウンドに上がった大谷は9イニングスを一人で投げ切り、打者33人に対して124球。10奪三振を奪うなかで2安打完封勝利を手にした。そのシーズンにおける自身の不甲斐なさもあり、最後は意地もあったのだろう。バッターとしては、第二打席で先制点の口火となるセンター前ヒットを放った。

満月の夜となったその二〇一七年十月四日、本拠地最終戦のオリックス・バファローズ戦。「四番・ピッチャー」の大谷が、そこにはいた。

思えば大谷が日本ハムへ入団する際、栗山監督は18歳の日本の宝に対し、将来的に目指すべき姿として「四番でエース」という言葉を口にした。五年が経ち、その青写真は現実のものになった。栗山監督はこう言うのだ。

「実は僕、翔平に言ったんです。『無理だったら打席に立たなくてもいい。でも、(四番・ピッチャーは)俺の夢でもあるんだ』って。そうしたらアイツ、『一番・ピッチャー』のときと同じような表情で頷くんです。『わかっています』というふうな顔でね。四番でピッチャーという形を作ろうと思えばいつでもできたんですけど、でもそれは自然とみんなが認める形でできなければいけないと思っていました。その瞬間を、僕はいつも待っていた。本当は優勝を決める試合で『四番・ピッチャー』というのが一番、格好良かったんですけどね」

監督の期待に応えるかのように、千両役者としてのピッチングとバッティングで札幌ドームの空気を火照《ほて》らせた。日本における「リアル二刀流」の完結版。大谷が北の大地でのラスト登板を語る。

「最後だろうと思って、僕のなかでは一人も塁に出すつもりはなかったですし、一人もホームへ還すつもりはなかった。毎回そうなんですけど、特にあの試合ではその思いが強かったですね。五年間やってきたものを出したいと思っていましたし、不甲斐ないもので終わらせたくないという気持ちはありました。正直言えば、ギリギリで間に合ったなという感じでした。（右足首の状態もあって）最高の形は無理だった。でも、そのなかでも良いものを見せたいなと思って投げました」

すでにメジャー挑戦の意思を固めていた大谷にとって、日本プロ野球の最後の公式戦となったのは二〇一七年十月九日だった。東北楽天ゴールデンイーグルスとの国内最終戦は、生まれ故郷の岩手県の隣県、宮城県仙台市で迎えた。「三番・ＤＨ」でスタメン出場の大谷は、第一打席は見逃し三振、第二打席はレフトフライ、第三打席はショートゴロ、そして第四打席は再び見逃し三振に倒れて四打数ノーヒットに終わった。だが、最後を東北の地で迎えた現実には、何か不思議な巡り合わせを感じた。ちょっと強引な見方かもしれないが、それは彼の人生における必然的な流れ、大谷に用意されていた道だったと言えるのではないだろうか。栗山監督は言う。

「最後、翔平は打てずに『コイツ、格好わりぃ』って思いながら、それも『翔平らしいな』と思いましたね。あのときは、試合が終わってから翔平のお母さんのほうに連絡をさせてもらいました。試合を観に来てくださっていましたので。そうしたら、打てずに終わったことを、お母さんも『翔平らしいですね』と言っていましたね。ただ、結果ではなくて、最後に札幌ドームで投げて、雨天で日程が変更になるなかで仙台で終わったということが……。僕は彼に伝えていました。札幌のファンに『サヨナラ』を言うための自分を見せて、最後は仙台で『サヨナラ』を言いなさい、と。たぶん僕に言われなくても、翔平はそのことをよくわかっていたと思いますけどね」

そして母の加代子さんはこう話すのだ。

「日程的に、それまでの試合で雨天順延がなければ、あの最終戦はなかったでしょうし、いろいろと考えると……そういうストーリーができていたのかなあと思いますね」

プロ野球界の「父」

大谷の物語にあった栗山監督との出会い。

日本ハムのユニフォームをともに着て、大谷と同じ時間を共有した栗山監督にとっては、彼との出会いは、まるで昨日の出来事のようだ。

「投げるほうを見たのは、翔平が高校二年生のとき。東日本大震災のあとの六月ぐらいでした。気仙沼《けせんぬま》高校（宮城県）と練習試合をしていて、ネット裏で初めて彼のボールを見たんですけど、本当にビックリしました。左右の角度もそうですし、高低の角度もそうです。これだけ角度のついた強いボールを投げるピッチャーがいるんだと度肝を抜かれました。高校生とか関係なく『この球は本当にすごいな』と思いましたね。打つほうは、その年（二〇一一年）の夏の甲子園。帝京戦（一回戦）での翔平はフェンス直撃のレフトライナーを打つんですけど、逆方向へあんなに強い打球を打てるバッターというのは……。僕がバッターとして彼を信用しているのは、その記憶が一番大きかったかもしれませんね。あんなバッティングをできるなら絶対に大丈夫だって」

当時、栗山監督はキャスターという立場で大谷の能力と出会った。目にした光景は、今でも脳裏から離れようとはせず、栗山監督の大谷育成の指標にもなった。

そんな栗山監督の印象を、大谷の父・徹さんはこう語る。

「現役時代からテレビなどで見させていただいていましたが、キャスター時代を経て監督さんをやられている栗山監督は、どちらかと言うと今までのプロの監督さんのイメージとは違って、学校の先生というか、教育者としてのイメージがあります。だから、安心して翔平を預けることができると思いましたし、預けてよかったなあと思います」

そして、母・加代子さんは、

「翔平だけではないんですけど、選手一人一人を自分の子供のように考えてくれている方だなあと思いますね。心配していた選手が活躍すると涙を浮かべている姿もテレビ画面越しに見ますので、本当に一人一人を息子のように、愛情を持って可愛がっているんだなということがよく伝わってきます。翔平のなかでも、栗山監督はプロ野球界の『お父さん』みたいな存在になっていると思います」

18歳のときから変わらない本質

大谷は、父親のような存在となっていった栗山監督のもとで逞《たくま》しさを増した。北の大地での五年間。二刀流に挑み続けた歩みには、誰もが認める成長の証があった。その姿は、高校時代の恩師である佐々木洋の目にはこう映っていた。

「プロでプレイするなかで印象に残っているシーンがあります。チームが大差をつけられて負けている状況での終盤に、大谷は打ってファーストへヘッドスライディングをした試合がありました。競っている試合であれば、思わずそんなプレイも出るかもしれませんが、大差で負けているなかでも最後まで諦めずに全力でプレイする。怪我は良くありませんし、私も思わずテレビの映像を見て『バカヤロウ』という気持ちになったんですが、それが大谷なんですよね。高校時代と変わらないところ。プレイ自体はどんどん進化していきましたが、高校時代と変わらないそういう姿勢を見て嬉しくなったのを覚えています。人間的なところや気持ち的なところは不変なんですよね。そこが私にとって、すごく嬉しいところです」

また、大谷の日本ハムへの入団、延《ひ》いてはプロ野球界に二刀流の風を吹き込むきっかけを作った二人のスカウトは、彼の五年間の歩みをこう見ている。北海道日本ハムファイターズのスカウト顧問である山田正雄の言葉だ。

「栗山さんをはじめとする現場のスタッフは、二刀流を打ち出して世間からいろんな反対もありながら、大谷を何とか一人前にしなければいけない。その一心で前へ進みました。絶対に一人前にするんだと、そのすべての責任を背負うかのような覚悟と態度は、栗山さんの姿から感じました。実際、『大変だよ』と言っていたときもありましたが、『責任を持ってやるよ』と栗山さんは言い続けていた。我々スカウトとしては、その言葉を信用し、栗山さんなら何とかものにしてくれるという思いだけでしたね。そのなかで、大谷は私の想像を超える成長を見せてくれた。彼のプレイや生き方は、いろんなものに影響を与えたと思いますし、今、野球を目指している子供たちに夢を与えたと思います。でも、その本質というか、大谷の姿勢は高校時代とほとんど変わっていないと思います。会って話をするときは、あのときの18歳のまま。日本ハムへ『入団します』と言ってくれたときから、まったく変わっていないと思います」

同チームのスカウト部長である大渕隆はこう言う。

「高いレベル（プロ野球）に入ってからの身につける吸収力、反応の鋭さや速さは、こんなに能力が高かったのかと思わせるぐらいにすばらしいものがありました。大谷の入団時に僕が思い描いていた五年後のイメージよりも、はるかに上をいったと思います。能力を持った人間というのは、高いレベルに入るとそれぞれが感化し合い、そしてさらに能力が加速していくのだと思います。自分よりも上の人がいたり、上の環境があると、一気に能力は上がっていく。それを体現したのが彼であり、その歩みには本当にビックリしました」

宿題を与えれば勝手に成長する――。

大谷という人間を表す言葉の一つとして、栗山監督は常々そう口にしたものだったが、大渕にもその意味がよくわかるのだという。

「栗山さんがいつも『まだ足りない』と言っているのがよくわかりました。それは、彼の能力をどこまで引き伸ばせるか。栗山さんは常にそう思っていたはずです」

つまりは、大谷自身に引き伸ばせる器があり、不可能を可能にするような力が備わっているからこそ、栗山監督は宿題を与え続ける。大谷の潜在能力を知り、あるいは期待を抱かずにはいられない力を間近で見てきたからこそ、栗山監督はいつも大谷に問いかけてきたのだ。そのことを大渕はわかっていた。そして、現場の指揮官と同じく、大谷が持つ能力の高さも感じていた。

「栗山さんの言葉は、大谷にとっては野球がうまくなるという向上心につながるので『ありがたい』と思っていたんじゃないですか。違う課題を与えられるということは、彼にとって嬉しいことだったと思います。今は、自ら課題を見つけに行こうということで、メジャーへ早く挑戦して、良い意味で苦しい思いをしたいんだと思います。マイナー契約云々と周りの大人たちは言いますけど、あえてそれを望んでいるんじゃないかなと思ってしまうところもあります。そのことについて、本人と直接、話をしたわけじゃないですよ。でも、彼の考え方からすると、むしろ課題を持ちたい。自分自身を試してみたい。『もっともっと自分はできる』ということを彼自身が何となく感じているから、そう思っていると私は思うんです。動物的な勘というか、大谷は自分の可能性みたいなものを感じ取っているんじゃないですか。その思いに従っているからこそ、社会的な物差しを越えて行動をするわけですよね。彼が何に従っているかと言えば、自分の思いであり、湧《わ》き上がるもの。それを大谷翔平という人間は、ずっと貫いているとしか私には見えないんです。先天的な信念や思いに従って生きている。そこに、栗山さんであるとか花巻東高校の佐々木監督が社会的な常識も加えながら、大谷翔平という人間が出来上がってきたと思っています」

教育の現場にいる者や、たとえばスポーツにおける指導者もそうだろう、そして子供に寄り添う親たち。そんな大人たちにとって一番大事なことは「先天的な思いや信念を生かしてあげること」だと言う大渕は、さらに言葉をつなぐ。

「子供たちの思いや信念がもっとあるんじゃないかと探してあげる。あるいはそれらを拾ってあげる。そういう作業を周りの大人たちがやってあげることも大事だと思います。大谷の場合は、ご両親を含めた周りの大人たちに恵まれたんだと思います。そういう状況や環境もまた、彼が惹きつけているのかもしれないですけど、思いがなかったら出会いも起きない。誰が育てたとか、誰のおかげという感じではなく、大谷の思いをまるでバトンを渡すようにみんなでつないできた。今の大谷というのは、周りの人たちがそういうふうに動いた結果だと私は思うんです。そのなかで、彼は自分が思う通りに真っ直ぐに歩んできた。『野球がうまくなりたいだけなんだ』と言って。そういう感覚さえあれば、苦労も彼にとっては前へ進む途中経過でしかないと思いますね」

最後までやり続ける強さと忍耐力

栗山監督もまた、大渕が持つ考えや目を持っている。自らの思いや自然と湧き上がるものに従い、何物にも屈せず妥協せずに、乱れない強い意志で前へ進もうとする大谷の思考はどう育まれて築かれてきたのか。そう訊ねると、栗山監督はこう言うのだ。

「それは翔平のご両親であり、花巻東高校の佐々木監督。僕はそういうふうに思っていますし、翔平のブレないものを作ってくださったみなさんには本当に感謝をしています。(二〇一七年)十一月十一日の会見で本人はこう言っていましたよね。自分の一番の特徴は『自分がこうだと決めたら最後までやり続ける強さと忍耐力』だと。それは本当にその通りで、アイツ(翔平)は、こうするんだと本気になったときは、できるまで必ずやり切る。その姿勢が、二刀流をやるにあたって僕が絶対に出来ると思えた一つの大きな材料でもありました」

また、栗山監督は改めて大谷の本質について語る。

「たとえば二〇一七年は怪我のシーズンでした。だからこそ、自分の状態を見ながらプレイするんだぞと言ってきたのに、それでも翔平は走ってしまうというか……。でも、彼のなかに『全力を尽くさない野球』はないんですよね。それはわかっていましたけど、それが大谷翔平なんだと思います。怪我をするとかしないとかじゃなくて、試合になれば全力を出し切ろうとする。その姿は『野球とはそうあるべきでしょう』と、翔平が僕らに訴えているようでした。二〇一七年は、怪我で自分が離れてはいけない、チームに迷惑をかけてはいけないと本人は思っていたと思う。野球とは、もともとチームのためにやるものなので、そういう考えが無意識にあったと思います。翔平のなかには、その本質が魂として存在しているんだと思います」

大谷の本質を知っているからこそ、同じユニフォームを着て日本一を目指せたこと、誰もが描けなかった道、つまりは二刀流を一緒に追い求めた五年間は、栗山監督にとって特別なものとなった。

「大変だったのかもしれないですけど、こんなに幸せな時間を過ごさせてもらったことはないのかもしれないですね」

大谷との思い出が詰まった温かみのある言葉が、札幌ドームの監督室に広がった。

第五章

二刀流の真実

野球の神様

「二刀流をやるか、やらないかは、『野球の神様』以外は決められない。決めてはいけないと僕は思っていた」

栗山英樹監督はそう言って、天井を見上げる視線と五年前の心境を重ね合わせた。

野球の神様――とらえどころのない曖昧《あいまい》な存在に思えるが、野球のゲームを見ていると、ふとしたときにその姿を感じることがある。両者の力関係だけでは単純に説明できない、何か目に見えない力が働いて勝者と敗者に分かれる瞬間などはそんな感慨にふける。ドラマ性にはらんだ劇的な幕切れ。または因縁めいた相手同士が対戦してしまう組み合わせの妙もそうだろうか。野球には勝敗を分けた「運命の一球」という言葉もあるが、そこにあるストーリーや選手らの激しく揺れ動く心の変化もまた、野球の神様がそっと手を差し伸べて作られたものだろうか。ゲームをコントロールし、ときには支配してしまう存在を、にわかに信じてしまうことがあるものだ。

野球を愛し、それゆえに野球というスポーツを劇的なものにしようとする存在、あるいは野球を愛する者の内なる情熱や声を野球の神様だとするならば、大谷が挑み続ける二刀流もまた、見えない力によって築かれていったもの。栗山監督の言葉を踏まえれば、二刀流は、大谷が持つ能力に導かれるように神の手が加えられ、必然的で運命的な流れのなかから創造されていったものと言えるのかもしれない。

野球の神様は実在するのか？

大谷にそう訊ねると、彼はこう言葉を返した。

「いるか、いないかは別として、個人的に『いてほしい』とは思いますよ。僕の願望ですけどね」

新たな道が切り開かれようとしていた頃、栗山監督は野球の神様に思いを傾けながらも、信念ともいうべき何物にも動じない不動心を持って突き動いた。

「二刀流をやめようと思ったことは、まったくなかったですね。翔平と一緒にやればやるほどに、二刀流に対する確信が強まるだけでした」

当初は二刀流への挑戦に対して賛否両論が広がった。しかし、大谷の本質を知る者たちは彼の能力を信じ、周囲の雑音に屈しない心を持って支え続けた。北海道日本ハムファイターズのスカウト部長である大渕隆もその一人である。

「彼の能力を最大限に引き出すことを考えれば、ある意味で二刀流は必然的だったと思います。周囲の批判に従って何かを進めたとしても、その結果に対して誰も責任を取ってくれません。大谷の場合、責任の取り方というのは、彼自身の人生に大きくかかわってくるものでした。だからこそ、二刀流はそれぞれが覚悟と責任を持って、彼の人生としっかりと向き合っていったなかでの手法だったと僕は思っています」

二刀流のトレーニング

そもそも、「二刀流」という言葉自体を大谷はどうとらえていただろうか。

「僕にとっては、今まで野球をやってきて、普通にやってきたものをそのままやっているだけなので、特別なことをしているという感覚はないですね。二刀流……どっちでもいいですね、そう言ってもらってもいいですし」

大谷にとっての二刀流は特別なものではなかった。そのなかで、二刀流の実現と継続の大きな役割を担ったのが、体作りや肉体のメンテナンスを担当したトレーニングコーチの中垣征一郎だった。大谷が入団した当初から栗山監督も信頼を寄せた人物だ。

「ウチのチームにとって中垣がいたのは大きかったですね。体の使い方、その仕組みだけではなくて、こういうふうにしたら一番力が出やすいという運動法まで、翔平は中垣に学びながらやっていました。僕がこういう使い方（試合での起用法）をしたいと無理を言ったとき、いろんな案も出してくれていたのが中垣です。翔平が入団したときに彼がいたのはすごく大きかったですね」

現在はメジャーリーグのサンディエゴ・パドレスで応用スポーツ科学部長を務める中垣が、トレーニングコーチとして日本ハムへ復帰したのは二〇一三年のことである。それ以前もチーフトレーナーの立場で同球団に在籍していた時期はあったが、大谷の入団とともに再び日本ハムの一員となった。中垣が、初めて二刀流という言葉を耳にし、その取り組みの話を聞かされたのは二〇一二年十月頃。大谷が高校三年のとき、プロ野球ドラフト会議の直前だった。

「大谷が入団する前の二年間はファイターズを離れていましたから、ちょうど復帰のお声がけをしていただいていたタイミングで、吉村（浩）さん（現・北海道日本ハムファイターズ・ゼネラルマネージャー）のほうから『大谷を真剣に獲りに行く』という話をうかがいました。そして、指名することになると思うんだけど、その際には投打両方をファイターズではやらせる準備をしていきたいという話をされました」

中垣は「トレーニング全体の骨子の立て方をあなたに一任したい」とも言われた。単純に、投打両方を成功させるためにはどうしたらいいのか。トレーニングコーチとしての挑戦はそこから始まった。中垣自身、野球経験は中学校までしかなかった。筑波大学を卒業後は、スポーツマッサージ療院に勤務し、その後は社会人のラグビーチームのトレーニングコーチを務め、九〇年代後半からはアメリカに渡って大学院で運動学を学んだ。そして、日本ハムが本拠地を北海道に移すタイミングの二〇〇四年から球団のチーフトレーナーになった経緯がある。平たく言えば、選手としての実績や経験値は少ない。だからこそ、あくまでもトレーナーとしての経験値と養ってきた感性と目で、二刀流のためのメニューを考えようとした。中垣は当時をこう振り返る。

「普通なら、投手だったら何をやらなければいけないのか。野手だったら、タイプ別によって何をしなければいけないのか。そういうふうに考えるんですけど、投手をやりながら野手をやる、もしくは野手をやりながら投手をやる。その両方をやらなければいけなくなった場合、どのようにトレーニング全体を構成するか。そのことをあまり深く考えずに、僕は単純に両方をやるにはどうしたらいいかを、体力トレーニングの原理原則に則り、トレーニングのルールにできるだけ従って構想を考えようとしました」

中垣はまず、大谷の身体的特徴を把握した上で、彼のトレーニングに対する意識を考察した。

「当時の大谷は、背が高いので体の線が細く見えました。ただ、実際には結構、下半身ができていた。花巻東高校で高校生としてはしっかりとトレーニングをしてきたんだなということがわかる状態で入団してきました。それでも本人は『もっともっと筋力を上げたい』と思っていることを僕は感じていました。筋力を上げるということは、単純に筋肉を大きくして重いものを持ち上げられるようになるということではありません。ですから、正しい動作のなかで筋力を身につけてほしい。正しい運動リズムみたいな、力を発揮しやすい筋肉の収縮の仕方みたいなものを動きのなかで身につけてほしい。大谷にはそう伝えていましたし、彼はすぐにそれに対して興味を持って、トレーニング全体のなかではそれを目標の中心にとらえてやっていたと思います」

トレーニングの初動段階では密に言葉を交わし、互いの思いを総合しながら二刀流は進められたと思う人は少なくないはずだ。言葉を通じて互いの意識を共有し、そこから二刀流の方向性を見定めていくような。だが、現実は違った。

「意外だと思われるかもしれませんが、大谷とは『これからこういうふうにやりますよ』という話はしていないんですよね。投打両方に挑むことは特別なケースではあるけれども、僕には『あまり特別なものにしないようにしなければいけない』という意識がありましたから」

大谷に対しては、あくまでも自然体で接しながら二刀流を遂行していこうと考えていた。栗山監督をはじめとする球団とは密に意思疎通を図りながら、練習では「次は何をやればいいのか」ということだけがわかるような状況を作った。特に一年目のスプリングキャンプでは、その環境整備を徹底した。一日一日を、あるいは一週間をどう過ごしていけばいいのか。練習を毎日進めていくなかで、大谷にはそこへの意識だけは忘れずに持ってもらい、あとは「好きなようにやればいいんだよ」という環境を作ったという。

「それが自然なものになればいいと考えていましたし、『これはダメだよ』ということを大谷本人にはほとんど言いませんでした」

投打両方に通じる基本

二刀流を特別なものにはしない――。

その考えを前提としながら、トレーニングは投打両方に通ずる基本的なものを繰り返した。中垣はこう回想する。

「投げる動作にしても打つ動作にしても、短い時間で正確に大きな力を発揮したいというのが共通のテーマになりますので、体力トレーニングでは、再現性の高い動き方を身につけつつ、どうやって効率よく爆発的な力を発揮するかをテーマに進めました。そうすれば、ピッチャーであれバッターであれ、あるいは他のスポーツであっても、重なる部分はたくさんありますので、そこが一番、トレーニングの肝の部分になりました」

短時間で最大限の力を発揮する具体的なトレーニングとは？

中垣にそう訊ねると「説明しきれないぐらいにある」と言いながら、こう話し始めた。

「短い時間で爆発的な力を発揮するというのは、たとえばバスケットボールでジャンプをしてシュートをするとか、フットボールでタックルするとか、そのいずれもがその類《たぐい》の運動になります。それが上手になるためのトレーニングを、施設（環境）にかかわらずにできる手段をなるべく選んで提供したということです」

つまりは、爆発的な力を発揮する瞬発系の動きを一貫して正確にできるようにするためのトレーニングを日々の練習に取り入れた。また、トレーニングには「苦手な動き」を取り出す作業もあった。

「たとえば、ピアノの練習で苦手なフレーズがあれば、そこを何度も何度も練習しながら自分のものにして全体のリズムに戻していくと思うんですけど、野球における体力トレーニングでも、動作のなかで苦手な部分、投球動作や打者の動きのなかで苦手な部分を、特定の運動で切り出して、調和する一つの形にまた戻すということをやります。大谷の場合も、体力トレーニング全体で彼がそういうことができるようにしました。また、それがいつでもどこでも自分でできるようにしたい。特別なものではないようにしたい。それは球団全体の指導方針でもあるんですが、大谷にもそのように当てはめていったという感じです」

大谷自身は、中垣とのトレーニングをこうとらえていた。

「中垣さんのトレーニングやそこでの言葉に対して、僕自身の感覚的なズレはありませんでした。なかには、相手の伝えたいことが、お互いの感覚的な違いでまったく違うことのように聞こえることがあると思いますが、そういうものはまったくありませんでした。中垣さんのトレーニングには『体の性質上、動きはこうなりますよ』と、根拠を踏まえた答えみたいなものがあるだけで、僕のほうから動きに関して質問すれば、中垣さんからすぐに答えが返ってきました。あとは実際に動いて自分で感覚を探すという感じでした。僕としては、物理上は（体の動きが）こうなるということだけを理解しておいて、それを試合に向けてどうアプローチしていくかを自分なりに考えてトレーニングをする。その環境が、僕には合っていたと思います」

中垣が言う「体力トレーニングの原理原則」。つまりは、どのスポーツにも通ずるアスリートとしての基礎トレーニングは、大谷が求めるものでもあった。

「周りからは、トレーニングに関して単純にピッチャーとバッターの二つ分をやっているんじゃないかみたいに言われるんですけど、まったくそういうことはなくて、基本的なトレーニングはどちら（投手と野手）にも必要なことをやっていました。今でもそうですけど、単純に二倍のトレーニングをやるわけではないんです。効率よくやっていくために、どちらにも生きるような基本的なトレーニングを徹底してやりました。アスリートとして必要な要素というのは、どのスポーツにおいても、ある一定のところまでは変わらないので、まずはそこまで持っていこうという考えでした。フィジカルに関して言えば、入団した頃の僕は、（アスリートとして必要な要素を）まったく持っていなかったので一から作るしかなかった。アスリートとして動ける体や戦える体を作りたいと思っていましたね」

大谷が求め、中垣が提供するトレーニングは、どれもが細かく、一見すれば、地味なものばかりだった。それは、パフォーマンスを発揮する場が上のレベルになればなるほどに、どこかで敬遠したがるものばかりだ。大谷は実際に「上（のレベル）にいけばいくほど、変わったトレーニングをしたがるものだ」という話を中垣から聞かされた。基本的な動きや使い方を体に染み込ませる日々は、そう簡単なものではなかったはずだ。大谷は言う。

「トレーニングを続けていると、自分の信じる方向にちょっと偏りたくなるときがあるんですね。『これさえやっておけばいいだろう』みたいな。あるいは、すぐに答えを探し出したくなるというか。でも、最終的には最初に教わったものに帰っていくんですよね。振り返って考えれば、信じる方向に偏りかけたということも無駄ではなかったと思っています。そこを踏まえて、最初にやっていたトレーニングはこういう理由でやっていたんだということが理解できましたから。ただ、僕は筋力トレーニングだけではなく、いろんなトレーニングが好きなんですよね。根本的には好きなんです、本当に」

そんな大谷の思いも知る中垣は、トレーニングに励む当時の姿をよく覚えている。

「大谷は絶対に『僕は大変です』ということを顔には出さないんです。トレーニングは根気強くやるし、弱音を吐かない。体がキツいから今日はこれをやりたくないということが絶対に起こらなかった。そういうことを言ってしまえば、投打両方をできなくなるということを本人が一番知っていたと思いますけど。とにかく、決めたことをきちんとやり切ることに対して、非常に大きなキャパシティを持っている選手。彼と何カ月か過ごした時点で、僕はすぐにそう思いました」

技術的には、プロ一年目のスプリングキャンプからあった投打の練習メニューの振り分けが注目された。実際、一年目には外野の守備練習も加わるなかでピッチングとバッティングをするためにグラウンドを忙《せわ》しなく行き来する姿があった。その状況に周囲の人々は「大変だな……」と感じたかもしれない。実際にそういう声は多かった。ただ、中垣はこう言うのだ。

「球場内を行ったり来たりする大谷を見て周りは『大変』だと思われたかもしれませんが、野手は通常、バッティング練習をして守備練習にいって、どの選手もステーションがいっぱいあるなかでグルグル回っているわけですよね。大谷の場合は、そのステーションが投手と打者の場面がある。僕はそれぐらいにしか思っていませんでした。たとえば、投げたあとのピッチャーの健康状態というのはデリケートです。ですから、ピッチングを終えたあとにどこまで運動していいのか。そこに関しては、あまり過去の事例がなかったなかで進めていったので、最初の一年はこちらが必要以上に神経質になっていた部分はたしかにありました。それでも、練習メニューに関しては投手と打者の場面があるだけ。僕はそう考えていましたし、それもまた特別なものとしてとらえないようにしていました」

バネの強さとコーディネーション能力

それまでの歴史や世間一般の感覚からすれば、二刀流は新たな領域の「挑戦」だった。しかし、大谷を含めた「挑戦する者たち」は、周囲とは異なる意識を常に持っていた。正確に言えば、特別なものとしてとらえないような意識を持っていたのだ。「二刀流はできるんだ、不可能ではないんだ」と。大谷の思考や肉体的な能力に触れるたびに、挑戦する者たちのその思いは募るばかりだった。もちろん、二刀流のすべてを希望的観測でとらえていたわけではない。推し進めるなかでは、それぞれに難しさも感じた。トレーニングコーチの立場でも中垣が感じるものはあった。

「一番難しいのは、試合において投打のどちらかがうまくいかなかったときに、どちらか一方に影響が出るというストレスの部分です。シーズン中では、投手よりも打者のほうが目に見えてスランプが起こりやすいと思いますが、打者として不調が訪れたときに、投手としてそのフラストレーションを引きずってしまう。二つを調和させることが難しかったということがなかったわけではありません」

それでも、栗山監督もそう感じたように、中垣は二刀流が不可能な挑戦だとは初めから思っていなかった。

「まったく不可能だとは思いませんでした。投手と打者の両方をやるために絶対に必要なものは何かということを考えた上で、体力的には投手としてまず何が必要か。あとは、野手としてプレイしていく上で、どこまでやっても投手としてのパフォーマンスに影響なく続けられるためには何が必要か。それさえ押さえておけば、あとは本人の技術を学ぶ能力次第。もちろん、野球というのは技術を高めることが非常に容易ではないスポーツだと僕は思っています。普通だったら、プロのレベルで投打それぞれの技術を学んでいくことは、ものすごく高いレベルで行われることなので大変なことだとは理解しています。でも、その選手の技術を学ぶ能力や運動技術を学ぶ能力が高いところにあれば、投打両方を並行して進めていくことは不可能ではないと思います。投打のどちらかに集中すれば、どちらか一方がもっとうまくいくんじゃないかとおっしゃる方はたくさんいると思いますし、僕自身もそれは間違いではないと思っています。ただ大谷の場合、投手としてピッチング技術を学んだり運動技術を学んでいくことが、打者として良い作用を見せる場面をたくさん見ました。体力的に恵まれたものを持って野球をやっているわけですし、彼の運動技術と学ぶ能力の高さを考えれば、二刀流は不可能ではないと思っていました」

193センチの身長を最大限に生かしながらも、大谷の動きには、その長身ゆえの窮屈さ、あるいはぎこちなさを全く感じない。それは秀でた「身のこなし」ということになるのだろうが、その起因とも言える身体的特徴を、中垣は大谷の入団時から感じ取っていた。

「背丈もそうですし手足の長さもそうですが、大谷は恵まれた骨格をしています。それはその通りなんですけど、併せて彼の動きは柔らかいんだけども、バネが利いている。柔軟性とバネを兼ね備えているということを、日本ハムに入ってきてすぐに感じました。そこが、あれだけ大きな体を持ちながら運動能力の高さを支えている大きな部分だと思いました」

体の俊敏な動きや、反発力の強い腕力や脚力を司る機能を「バネ」ととらえるならば、中垣がいう「バネが効く」という表現は、すなわち「バネの強さ」とも言える。その強さは、たとえば体の末端であるつま先や指先で発揮するスピードの力も飛躍的に大きくする。大谷はその能力を備えているというわけだ。大谷自身は「バネの強さ」をこう解釈している。

「投球動作やバッティング動作では、体の切り返しの動きが多かったり、逆方向に対して力が加わることが結構あります。そこに耐えていける体であったり、そこで体を振り切れる強さが『バネの強さ』だと思います。走ることでも、体の大きい人は、(体の動きに対して)それなりに反発力が大きい。体が大きければ怪我のリスクも高くなるし、その体を扱うのも難しいとは思いますが、僕自身はそれらを補うためのトレーニングや、大きな体を生かしていくためのトレーニングをやってきました。体が大きければ大きいほど強い力が発揮できるものでもあるので」

また、大谷の特徴の一つとして「コーディネーション能力」があるとも中垣は言う。

「運動能力を習得していく能力というか、ある動きが『間違っているぞ』と思えば、良い動きに改善していって全体の動きに調和させるような、動きを修正、改善する能力が、コーディネーション能力だと僕自身はとらえています。体が大きくなればなるほど、または体の尺が長くなればなるほど、人の動きには粗《あら》が目立つものだと思います。本当はそれなりに上手に体をコントロールしているのに、ちょっとのタイミングのズレで、表立って粗が見えてしまうものです。大きい選手というのは、キレのない動きやヌボッとした動きとしてとらえられ、動きの不調和に見えてしまう。そのなかで大谷の場合は、どんな動きをさせてもタイミングを合わせるのが上手でした。今そのときにやろうとしている運動のなかで、どうしたら効率よく上手く動けるかということを察知するのが上手というか、非常に高い能力があると僕は見ていました」

それらのポテンシャルが軸となり、二刀流は遂行され、継続していくことになるわけだが、プロ一年目には克服していかなければいけないこと、取り組まなければいけないことが「たくさんあった」と中垣は証言する。

「筋力に関しては、ピッチャーとして一シーズンを投げ切っていくために、そしてバッターとしての能力を上げるためにも、やらなければいけないことはありました。また、ピッチングにおける横方向への動きをコントロールすることに関しては課題が多かったと思います」

それはつまり、ピッチングでの体重移動だ。右投げならば、上げた左足を前方へ踏み出し、打者方向である左方向へ体をスライドさせながら投球する。その横方向への動きを正確なものにするための動作トレーニングを行ない、そこで養ったものを実戦につなげていく作業は続いた。中垣は、「大谷の場合、横の動きをコントロールするのが得意なのは右足よりも左足のほうであることは間違いない」としつつ、こう言葉を加えるのだ。

「投手は一歩で移動する距離が打者よりも長かったり、傾斜の上でやらなければいけないという条件があります。しかも、足を踏み込んだときに体の向きを変えなければいけないので、運動技術としての難易度はピッチングとバッティングでは違うところがあります。打者の場合は、投手のタイミングに合わせなければいけないという難しさが出てくるので、どちらが難しいとは言えませんし、クオリティが似ているところもありますが、違う部分はあります。そのなかで大谷は、投手として横の動作を制御することに対して苦労していました。ですから、僕とマンツーマンでやるときは、そこに時間を一番かけました。あとは、左方向へ踏み込んでから、右腕を振り抜くタイミングの合わせ方。そのすり合わせを常にやりながら進めていった感じはあります」

課題を克服する取り組みは地道に進んだ。確認作業を何度も繰り返した。だからこそ、中垣はこう思うのだ。

「わかり切ったことを何回も僕に言われるので、大谷はたまにイラッとしたと思うんですよ。また同じことを言われている、と。でも、そういうものなんですよね。もともと本人が持っている習慣みたいなものがあるので、すり合わせていく作業で大事なのは、ちょっとしたズレを見てもらって、そこを直していくこと。その繰り返しが大事なんです。一年目から一番時間を割いてやったことは、どうやって筋力を正しく向上させるかということ、そして、どうやって野球の動きに還元できるか、要するにアスリートとしての動作をどう学んでいくかということでした。トップアスリートというのは、内なる部分にすごく熱いものを持っています。ですから、僕が何かを言っても聞き入れないことがあるのは当たり前だと僕自身はいつも思っているんです。ただ、責任を任せられている以上、僕としては、その選手にとって上手くいっていないと思うことや、コンスタントに『ここは押さえていこう』と思うことは、一緒に取り組みながら根気強く選手に声をかけていく。そこに対して、いつもちゃんと耳を傾けてくれたのが大谷でした」

トレーナーと監督の密なる会話

中垣が大谷とともに二刀流を追い求めたのは、二〇一六年までの四シーズンである。その期間で、中垣と栗山監督は密に言葉を交わした。監督の立場で言えば、投打における大谷を一日でも早く本物に近づけて成果を出したいと思う一方で、慎重に事を進めなければいけないという思いもあっただろう。その葛藤がある日々で、中垣は栗山監督と何度も何度もやりとりを繰り返した。中垣が記憶を辿《たど》る。

「栗山監督とのやりとりは多過ぎて……監督も一つ一つの会話を覚えていないと思いますよ。それぐらいに多かったですね。トレーニングを続けながら投打両方を続けていくことは、体力的に容易ではありません。どこかで体がパンクしないように、投打どちらかが行き過ぎないように、いかに調整するかということを栗山監督とは本当にギリギリのところで話し合いをやりました。そこが難しかったと思います。大谷との四年間では、時には栗山監督の要求に対して『監督、それは無理じゃないか』と思ったこともありました。ただ、その要求に対して『どうやって応えようか』とはいつも考えていました。正直、監督の言葉に腹が立ったときもありましたけど、やり終えて振り返ってみると、あのときに監督が言っていたことはこういうことだったんだと、わかることがたくさんありました。一つ一つの言葉というよりは、監督とのやりとりの空気感みたいなものが今でも印象に残っていますね」

極端な例を挙げれば、日曜日に登板して、休養日を挟んで火曜日から土曜日まで指名打者ですべて出場する。そんな週があったとすれば「やり切れないことはなかったと思う」と中垣は言う。ただ、プロ野球はあくまでもシーズンを通した戦いが続く。

「仮にそんな一週間をやってしまうと、全体で見たとき、本当なら３００打席以上は打席に立つことができたのに、終わってみれば250打席しか立てなかったということになる可能性があります。どこかに集中するだけの価値がある試合がその一週間にあるとするならば、そこの期間に力を費やすことがあってもいいとは思います。でもやっぱり、プロ野球というのはシーズンで戦うスポーツです。大谷の場合、一年間は『投×打』なのか、あるいは『投＋打』なのかはわかりませんけど、投打をもっとも機能させるためにはどうしたらいいのかということを監督と他のスタッフ、大きく言えば球団とともに考えてやってきたつもりなので、監督が『試合で使いたい』と言ったとしても、僕としては『でも抑えなきゃいけない』と思う場面もありました。ですから、スパンを長めに見て、あらかじめいろんなことに対応できる準備をしておくことが、僕の役割の一つでもありました」

プロ入りから二年が過ぎ、さらに三年、四年と移り行く時間で大谷の二刀流は確立され、その聖域に対する周囲の声は批判めいたものから大きな期待へと変わっていった。その過程において、大谷と中垣が挑み続ける取り組みが一つの集大成とも言える形で表れた瞬間があった。

二〇一六年九月二十八日、四年目のシーズンも後半を迎えていたリーグ優勝が決した埼玉西武ライオンズ戦。1安打完封の大谷が胴上げ投手となった試合である。中垣が振り返る。

「そこに至るまでは、大谷の成長過程があり、紆余曲折《うよきょくせつ》もありました。そのプロセス抜きではあのピッチングはなかったと思いますが、いろんなものがギュッと濃縮された試合だったことに変わりはありません。うまくいった。そう実感できる試合でした」

打撃が好調を維持するなかで、そのシーズンの大谷は右指のマメの影響もあって九月中旬までピッチングができなかった。練習では球数を制限しながらの調整を余儀なくされた。中垣が続ける。

「強い強度でも投げられないなかで、ピッチングコーチとも話をしながら、どのように投球動作を合わせていくかということを考えて調整していきました。みなさんがわからないようなところで、彼はずっと調整を続けていたんです。チームとしては、オールスター明けからどんどんと追い上げムードになっていましたから『早く大谷に投げてほしい』、本人も『早く投げたい』、そういう状況だったと思います。どのように進めて、どのタイミングで実戦に戻ればうまくいくのか。それは簡単なことではありませんでしたが、大谷が実戦に戻って三つ目か四つ目の試合だったと思いますが、福岡ソフトバンク戦で手ごたえを感じられるピッチングをした。そして、狙い通りに力を発揮できたのが、あの優勝を決めた試合でした」

大谷が持つ投打の力に対して、「打つ能力のほうが高い」と中垣は言う。投げる動作は、大谷自身が「ピッチャーとしてのセンスはないと思っている」と自己分析するように、中垣もまたプロ入り後の課題はあったと語る。

「ピッチングには、自分の好きなリズムというものがあります。そのリズムに嚙《か》み合いやすいものというのは固有の感覚から生まれてくるものです。ですから、どこかで何か一つ摑《つか》んでしまえば、ピッチングのスタイルも変わるものだと思います。その観点から言うと、大谷の良いところは、投球動作において『あれっ？　こっちのほうがうまくいくぞ』と思えば、すぐに切り替えられるところでもあります。僕が見てきた大谷の四年間は、確かに『打』のほうが自然で、ナチュラルにいろんなものを習得していったという感じがします。一方で『投』のほうは、ここの動きはそうじゃなくてこうだ、タイミングがちょっとズレているからこうしよう。そういう準備をして確認することが多かったですし、僕も一緒になって相談しながらやってきました」

でも、何か一つ摑んでしまえば……。大谷のピッチャーとしての感覚や感性が一気に研ぎ澄まされていく可能性は十分にあると中垣が感じていたのは事実だ。実は日本ハム時代、大谷はピッチングの感覚的な部分で「摑んだ」瞬間があった。大谷は言う。

「ピッチングに関して、その瞬間は間違いなくありましたね。ほっともっと（フィールド神戸）のブルペン。たしか二年目の夏前ぐらいだったと思います。その日は調整の一環でブルペンで投げていたんですけど、突然そのときがきたというか、爆発的に良くなった瞬間がありました。自分のイメージと体の動きがマッチしたんだと思います」

技術的な感覚や感触を「掴む」

部屋にいるときの大谷は、他のピッチャーの映像を見ることがよくある。時には、自身のピッチングも映像で確認する。そこで気づいたことを、すぐに試すときもあれば、イメージとして記憶に残して置き、ブルペンで試すことがあるのだという。

「試してみてダメだったらダメでいいと思うんです。こっちのほうがいいな、やっぱり違うなと、またそこで思えるので。八割が『やっぱり違うな』と思うときなんですけど、『いいな』と思うことが一割か二割あります。そのなかの〇・五%ぐらいの割合で、本当にイメージがヒットすることがあります。こういうふうに投げてみよう、こういうふうに体を動かしてみようというイメージが実際の動きとマッチする。それが、あの日のブルペンだったたと思います」

そして、大谷は「そういう瞬間をずっと求めてやっている」とも言うのだ。

「その瞬間が、今日来るかもしれないし、明日来るかもしれない。もしかしたら、ある日突然に何かを掴む瞬間が現れるかもしれない。だから毎日練習をしたくなるんです。毎日毎日バットを振るときもそう、投げるときもそうです。もしかして、その瞬間が来るかもしれないと思って、いつもワクワクしながら練習に行くんです。たとえば正解というものがあって、今の自分がそれを試してもうまくいかないことがあるかもしれません。うまくいかないから『じゃあ、やめよう』ということもあると思います。ただ、物事の考え方として、たとえば試したそのときに筋力がなかったからできなかったと思うのか。または、自分の取り組みが悪かったからできなかったと投げ出してしまうのか。その差は大きいと思うんです。本質を理解しているか、理解していないかの違い。たとえそのときに何かを摑めなくても、筋力をつければできるようになるんだと思って、さらにトレーニングを積むかどうか。そういうものが大事だと僕は思っています。

それぞれのプレイスタイルにもよると思いますし、僕の場合は打ったり投げたりするので特にそう思うのかもしれないですけど、根本的に僕はアスリートとしての体力は必要だと思っています。ピッチャーだけをやっていれば、ある程度は特化したことでいいと思うんですけど、それでもアスリートとして必要とされる要素や筋力はあると思っています。その求められるものの幅が、僕の場合は広い。投げて、打っていますから。だから、基礎は大事になってくると思いますし、それがわかっている分、毎日練習をしたくなる。僕はただ、それだけなんです」

大谷が技術的な感覚や感触を「摑む」ことについて中垣はこう言う。

「一度コツを摑めば忘れないという自転車みたいなものと、高度な運動技術におけるそれとは違うと思います。たとえば、以前はうまくできていたことができなくなることがある。そして、また時間が経ってからポッとうまくできるようになる。そこでは『何でまたできるようになったんだろう?』と思う。しばらくはそういった試行錯誤の連続なんです。高度な運動技術、つまりは出力が高くなればなるほどに、ちょっとしたズレが大きく出てくるものです。大谷にとってもそれは簡単ではない課題であり続けると思います」

ただ、これからも大谷の前にあり続けるであろうその課題にこそ、ピッチャーとして新たな境地へ進むヒントが隠されていることも中垣はよく知っている。また、試合で投げる大谷が「八十%ぐらいのところ(能力)を見せてくれた」瞬間を中垣は何度か目にした。その高い出力と熱量があったときに、大谷はその先の自分を薄っすらと感じ取っていただろうと中垣は思うのだ。

「八十%ぐらいのところを見せるその延長線上に、自分が目指しているボールがあるはずだというのを、大谷は感じていたはずです」

ダルビッシュ有との比較

投打両方に挑み続けた日本ハムでの過ぎ去りし日々を、大谷は改めてこう思う。

「技術で力を上回れるときって、結構、野球の要素ではあると思います。野球は絶対的な技術があれば勝っちゃうスポーツでもあるので、そこは難しいところですけど、技術と力のどちらが必要かということではなくて、力が必要なときもあるし、僕にとってはどちらも必要なものだと思っています。そのことも踏まえて投打両方をやってきて、シーズンオフに取り組んだものがキャンプで実感できたときは『やってきてよかったなあ』と思いました。実感できたときは、野球が面白いですしね。トレーニング自体も面白いんです。トレーニングで追い込めているときも、そこで新しいことをやってみることも面白い。知識が増えていくこともそうですし、トレーニングでやったものが成果として実感するときも、やっぱり僕にとっては面白いんです」

　オフの取り組みとして、大谷の体がひと回り大きくなった時期があった。それもまた、彼にとっては二刀流としての成果につなげるアプローチの一つだった。中垣は当時の様子をこう話す。

「二年目、三年目に少し体重が増えたかもしれないですけど、みなさんが思っているよりは劇的な変化ではなかったと思います。筋力トレーニングをコンスタントに続けていくなかでキャパシティが増えてきたところでオフシーズンに筋力が上がっていく時期があるものです。ですから、大谷の場合は積み重ねてきたものが少しずつ目に見える変化として表れたのが、二年目、三年目の時期だったのではないかと思います」

　大谷は、筋力を上げることについての自身の見解とともに、こんな話をする。

「バッティングはわかりやすいんですよね。出力的に筋力が大きくなれば、単純にボールに対して負けない力が加わるので打球を飛ばすことができる。体重が三キロ違っただけで、だいぶ飛距離は変わってくると実感しています。ただそこは難しくて、あくまでも体重は体の使い方ありきのところがあります。筋力に頼り過ぎない打ち方などを維持しつつ、重量を増やしていければ、どこまで上げていってもいいと僕は思っています。ただ、ピッチングに関してはまた違うんですよね。僕は、バッターほどピッチャーは筋力に対するターゲットはしなくていいのかなと感じています。筋力の増加が成果に表れづらいというところもありますし。筋力が上がったからといって、球速がとてつもなく急に上がるという実感はなくて、ピッチングにおいては体の使い方が大事になりますし、そのなかでボールのキレを出していくことのほうが大切だと思っています。ただ、ピッチャーとしても筋力の増加はアドバンテージになるというか、筋力があることによって球速のアベレージが上がっていくのはこれまでも実感してきました。たとえば、百%の力で160キロを投げていたのが、八十%の力でもコンスタントに160キロを投げられる。そういう低出力で高出力を出せるような感覚。だから、難しいんですけどね、ピッチャーというのは」

いかに無駄な力を削《そ》ぎ落し、リリースの瞬間に爆発的な力を生み出すことができるか。ピッチングでは、その「静」から「動」への移行が大切であり難しいところではあるのだが、ピッチャーとしての大谷も「低出力からの高出力」の引き出し方を追い求め、その感覚の重要性もよく理解している。もちろん、ピッチングフォームや備え持つ体力、または指先の感覚の違いによって、高出力の引き出し方は変わってくるものだ。たとえば、同じ右腕で高身長である大谷とダルビッシュ有を比較してみても、両者には「大きな違いがある」と言うのは中垣である。日本ハム時代、そしてメジャー球団へ移籍してからも、中垣はトレーナーとしてダルビッシュをサポートした経験を持つ。

「二人は背丈が似ているので、どうしても比較されることが多いと思うんですけど、僕にとってはまったく違ったタイプの選手。大谷のほうが、たとえば腕が長かったり、あるいはバネが利く。筋肉の弾性に関しては大谷のほうが少し勝っている部分があると思います。一方で、ダルビッシュは目に見えない体力で、投球動作のなかで調整していく能力を持っています。そこに関してはケタ違いのものを持っていると思います。似たような体格で、何となく投球動作全体の流れというのが似通ったところもあるかもしれませんが、二人の選手に携わらせてもらった僕からすれば、重なる部分というのはいくつかあるにせよ、二人は大きな違いがある選手だと見ています」

そのなかで大谷はピッチャーとともにバッターとしての顔も持つ。

二刀流は一番成長できる過程

大谷の二刀流は成功だったと言えるだろうか?

そんな言葉を、大谷と歩み続けた元トレーニングコーチにぶつけてみると、中垣は未来の大谷にその答えを委ねた。

「成功だったかどうかは、大谷のキャリアが終わるまでわかりません。もしかしたら、彼がどれだけすごい成績を残したとしても、どちらか一つをやっておけばよかった、あるいはこうなっていたかもしれないという人はいるかもしれない。そもそも成功か失敗かを僕がジャッジすることではないと思っています。ただ、もしも彼が五年前にアメリカへわたっていれば、投打両方で挑戦するチャンスは今に比べるとかなり小さかったと思います。そんな過去があるなかで、今は少なくともスタート地点ではメジャーのほとんどの球団が『投打両方で頑張ってほしいんだ』という声をかけてくれたことを考えると、彼の（日本プロ野球での）五年間というのは、少なくとも失敗ではなかったと思います。まずは投打両方で挑戦する価値のある選手だと認められ、大谷がそうした状況でもウチに来てほしいと、メジャーのほぼ全球団が意思を示したわけですから、そこに至ったことでさえも過去に例のないすばらしいことだと思っています」

大谷が日本ハムへ入団した当初から中垣はこう思い続けた。

《二刀流を特別なものにはしたくはない》

それでもやはり、投打両方への挑戦には特別な光輝があった。それは大谷の秀でた能力があってこそ実現したものなのか。あるいは、他の選手でも二刀流は可能なのか。中垣はこう語る。

「あくまでも僕の私見ですが、大谷のように投打両方ともにやれる選手がいれば面白いと思いますし、そういう存在はチームのためになると思います。ただ、挑戦することによって、どちらも中途半端になってしまうのはもったいない。やるなら両方でトップレベルにいけるんじゃないかと思わせる選手じゃないと、プロというフィールドでやる意味がどこにあるのか？　となってしまう。そこは一番の問題になると思いますが、両方をやったほうが価値のある選手がいる場合は、僕は挑戦してもいいかなあと思っています。実は大谷が日本ハムに入る前に、僕は栗山監督とこんな会話をしていました。『完投で勝って、完封で勝って、次の日にサヨナラホームランを打つ。そんな漫画みたいな面白い選手になったらいいよね』って。彼には持って生まれた運動能力と、そこにあとから技術や体力を付け足していける根気がある。努力を怠らないことがあって初めて投打両方の挑戦は可能だったわけですけど、彼にしかできないとは大谷本人も絶対に思っていないと思います。ただ、彼のレベルでもやり続けることが簡単ではないことは事実です。いろんなものが噛み合わないと、そう簡単にはいかないのが二刀流だと思います」

日本ハムでプロのスタートを切ったときもそうだったが、大谷はいつもこう思っている。

「自分が一番成長できる過程を踏みたいと思っています。野球をやめたときにそう思える自分でありたい。出来る限り、身につけられる技術を身につけたい。そのために、僕は必要な過程を踏みたいと思っているんです」

思い描く未来の自分をも越えていく、一番成長できる過程——大谷にとって、その一つが二刀流だった。そしてこれからも、彼は変わることなく「成長できる自分」であり続けようとしている。

第六章

終わらない挑戦

他人よりも頑張れる自信

移籍先が決まった直後の大谷翔平は、実際にメジャーリーグでプレイする自分の姿を思い浮かべていた。体には、入団交渉で渡米したときの熱量が残ったままだ。

「どっちもやりたいですね。打って、投げて、活躍したい。そういうものが僕のなかに基本としてあるので、難しいところに方向転換はされていないですね」

アメリカの地でも二刀流に挑み、そして、やり遂げること。それは大谷の使命とも言うべき、彼の歩むべき道とも言えるだろうか。日本ハムの栗山英樹監督はこう明言する。

「僕は、大谷翔平は二刀流であるべきだと思っています。どっちかに偏ったときに体の負担がすごく大きくなると思うので、うまくバランスよく体を使いながら、少し休ませながら、（投打）両方をやっていくというのが、大谷翔平を守る術《すべ》だとも思っています。この先、どうなるのかはわかりませんし、僕一人の勝手な考え方ですが、そのことは本人に伝えました」

投打両方をやることでプレイヤーとしてのバランスが保たれる。延《ひ》いてはそれが、大谷自身の身を守ることにつながる。仕切り直して栗山監督の言葉を大谷にぶつけてみると、彼はこう言った。

「どうなんですかね……。ただ、両方をやってプラスになることはありますよ。たとえばピッチャーの立場で言えば、自分がバッターだったら、このシチュエーションではこういうふうに思うとか、どういうバッティングカウントで、どういうふうに打つとか。そう考えることはありますし、両方をやっていない人よりは、やっている立場でわかることはたくさんあると思います。でもそれによって、自分のプレイスタイルや野球の技術が守られているかは自分ではわかりません。実際に投打どちらかに絞ってやってきたわけではないですし、実際に『二つをやっている』ということが事実なだけで。もしかしたら、片方をやっていたほうがいいのかもしれない。でもやっぱり、二つをやっていたほうがいいのかもしれない。そこには正解がなくて、僕としては『やったことが正解』というだけなんです。そう信じたいという気持ちがありますし、自分がやってきたことを信じたい。僕はそう思っています」

大谷は常に、自分と向き合い対話をしてきた。そこで導かれた答えに身を委ねて行動を起こす。「自分を信じる」という確固たる意思や信念が、そこにはあるのだ。

「自分で『これをやりたいな』と思うことには、他人よりも頑張れる自信はあります」

野球をやめたいと思ったことは一度もない。野球の練習を「嫌だな」と思ったことも、まったくないという。「やりたい」ことが野球だから。今そのときに、心が突き動かされるものが野球であり、そのための練習だから。大谷はまるで野球少年のように、純粋に「野球が好き」なのだ。

「トレーニングも、誰よりもやってきたという自信はあります。やらされていたメニューではなくて、取り組むトレーニングがどういう成果に結びつくのかをちゃんと理解してやるのと、やっていないのでは、成果は大きく違ってくる。そこはちゃんと理解してやってきた自信はあります」

大きなものを「背負いなさい」

栗山監督と大谷は、日本ハム時代は監督と選手という立場でありながら、その関係性を越えた結びつきがあった。栗山監督は「僕の夢なのかもしれない」と大谷のことを言う。また、恩師とも言える立場でありながら、彼から多くのことを学んだとも。

「翔平と過ごすなかでいろんなことを学んだし、考えさせてもらったので、そういう意味では、勉強をさせてもらったという存在ですね」

そして、栗山監督はこんな話を続けるのだ。

「これだけ長い間、野球を日本の人がやってきて、先輩方のおかげで我々は野球をやらせてもらっていますけど、まったく考え方の違う野球の在り方があるんだということを、大谷翔平は見せてくれたと思っています。二刀流がよかったのか、悪かったのか。それはまだ僕にはわからないことですが、ただ、『違うやり方があるんだ』ということは間違いなく彼は見せてくれました。二刀流は、みんなに野球の面白さの幅を感じてもらう材料だと僕は思っています。いま、野球が大きく進化しなければいけない時期に来ているなかで、翔平は、本当に野球の神様から遣わされた人間なんだろうなと思う瞬間が多々ありました」

たとえば、二〇一七年八月十七日の札幌ドームでのことだ。1点リードの終盤に本拠地初登板を果たしたルーキーの堀瑞樹がソロ本塁打2本を浴びて逆転された。その直後だった。先頭打者として打席に立った大谷が、千葉ロッテマリーンズの南昌輝の初球をスタンドに運んで同点とする。大谷のひと振りがルーキー左腕の黒星を消すとともに、チームのサヨナラ勝ちの布石となった。その試合で、栗山監督は「遣わされた人間」の姿を見たのだという。

「たぶん、堀は大谷翔平という存在がどういうものなのかを一生忘れないと思います。勝つためには『お前、ちゃんとやれよ』という、堀に対する翔平のメッセージなんですよね、あのホームランは。翔平がメジャーへ行く可能性があって、堀を育てなければいけないという状況のなかで、打席が回ってきた翔平は簡単にホームランを打っちゃう。そこには何か使命があるとしか思えなかった。すごいことをやるというだけではなくて、翔平はやっぱり何かそういうものを持っているんだなと思いました。たとえば一六年の日本シリーズでも、広島の黒田（博樹）投手が翔平にいろんな球、すべての球を見せて、その大谷の打席で現役としての野球人生を終えていく。こんなの小説で書いたら怒られるんじゃないかなというぐらいのことがあったり。そういうところにも、大谷翔平という存在自体の大きさを感じたりしたものでした」

目の前に現れることのない大きな何かを背負う。または、背負わされてしまう。それが巨星ゆえの運命だとするならば、その人間の意思を超えたところで支配される道を、大谷は歩んでいるとも言える。栗山監督は言う。

「本人が意識するしないにかかわらず、これまでの歴史を見れば、大きなものを背負わされてしまうことってありますよね。翔平がそういう存在であることは間違いないと思います。でも、あえて翔平には『背負いなさい』と言うんです。僕は、背負ってプレッシャーを与えたほうが彼のためになると思っていますから」

たとえ大きなものを背負ったとしても、その重さに耐えられるだけの器が大谷にはある。栗山監督はそう感じているからこそ、あえて運命的なものを「背負い続ける」ことを大谷に求めるのだ。

期待という重い錘《おもり》を背負いながら、いとも簡単に錘を受け止め、周囲が期待する以上のパフォーマンスで魅了する。そんな大谷の姿を身近で見てきたのは、日本ハムの一軍ベンチコーチである厚澤和幸も同じだ。

「翔平は、栗山監督が『この試合に懸けている』というのを察するのがものすごく上手なんです。たとえば、『一番・ピッチャー・大谷翔平』の試合で初球にホームランを打ったでしょ。最後も『四番・ピッチャー』で完封したじゃないですか。監督が『今日、この日だよ』というのを汲《く》み取って、監督が想像しているさらに上の結果を出すことができる選手なんです。その感性を持ち、実際にチームのトップが期待している試合では期待に応えてしまう。それが大谷翔平なんです」

「僕はまだ、完成されていない選手」

大谷に近い人物たちの声を聞けば聞くほどに、彼はまさに「特別な人間」に思えてならない。実際に、そうなんだろう。日本で残した実績と足跡を見れば、特異で稀《まれ》な「選ばれし者」であることに違いない。花巻東高校時代をよく知る者たちの証言にも、その特異な人物像が浮かび上がってくるのだ。

高校時代にメジャーを志すきっかけを作った小島圭市は、大谷の本質に触れる。

「センスに関しては、格好よく言えば『天から与えられたもの』です。でも、たとえばお金を儲《もう》けるために、彼はそういう野球の才能をもらったのではない。大谷翔平にとっての野球は、人生を磨くためのツールなんです。人よりも才能を持つというのは、他人よりも厳しい壁や山を乗り越えなければいけない使命を授かっていることだと思います。いま、解き放たれて、自分でも知らない本気を引き出してくれるアメリカへわたり、これから苦労もあるでしょうし、大変だと思います。でもその時期を経れば、とんでもない選手になるだろうし、それができるのが大谷翔平だと思っています」

また、花巻東高校野球部の監督であり、一人の教育者でもある佐々木洋は、ちょっと意外な言葉から大谷の奥深さを語り始めた。

「大谷は表情にこそあまり出すことはないですが、信念や理念、そして目的は心の中にしっかりと持っています。ただ、究極なことを言うと、大谷翔平の本質は『よくわからない』というのが本音ですね。これまで多くの会話を交わしてきましたが、彼の本音が見えてこないときがあります。本当は何を考えているんだろうとか、いまだにそう思うことがあります。もちろん『今日は本当に悩んでいるんだな』と感じるときはあるし、『こんな大谷を見るのは珍しいな』と思いながら、何かに対して感情的になって話している姿を見るときもあります。その時々で、素顔や本当の気持ちが見えることはあります。でも、まだまだ……まだまだ、わからない。わからないことが多過ぎる。大谷翔平の限界がわからない。彼のてっぺんは、まったく見えないんです。でも、わからないからこそ、大谷翔平の選手として、または人間としての奥深さを感じるんですよね。果てしない可能性を感じるんです」

その教え子は日本から飛び出し、舞台をアメリカへ移して野球をする。

大谷が日本の野球界に残したものとは何か？　そう訊ねると、佐々木監督はこう言葉を編んだ。

「たとえば非常識な発想で行動する姿は、野球だけではなく、あらゆるスポーツ界においても何かしらの影響を与えたと思います。教育界でもそうかもしれませんね。バットやグラブを持った選手としてではなく、教育的にも『夢を追いかける発想』を大谷は示してくれたし、これからも変わることなくそうだと思います。そういうものを感じる人は少なくないと思います」

また、大谷が挑み続ける二刀流を、佐々木監督はこんなふうに捉えるのだ。

「野球人としての成功と社会的な成功。その両方を追って行けるのが大谷であり、それこそが本当の意味での二刀流だと思っています。野球をやっているんですから、ピッチャーをやったり、バッターをやるのは特別不思議なことではないと思うんです。大谷には、野球の上手い選手になるだけではなくて、野球もできる、そしてすばらしい人間になってほしい。子供たちの目標となり羅針盤となる、そんな人間になってほしいと思うんです。そういう存在になれるのが大谷翔平であって、それが二刀流だと私は思っています」

ただ――。

誤解を恐れずに言わせてもらえるならば、大谷は完璧ではないし、完成されていない。正確に言えば、野球選手として完成された存在に近づくための成長途上にいると僕は思う。彼の思考や行動の一つ一つ、または備え持った器の大きさや人間的な魅力、それらを凝縮した「生き方」そのものには特別な輝きがある。大谷の人間力に何も疑う余地はないし、その濃度の高い力に人々は惹《ひ》き込まれていく。ただ今は、まだ完成されてはいない。事実として、大谷自身はこう言うのだ。

「僕はまだ、完成されていない選手だと思っています」

ピッチャーとしてはまだ50%しか能力を発揮していない

日本ハムの厚澤和幸は、大谷が高校生だった頃は球団スコアラーだった。大谷のプロ入り一年目である二〇一三年の秋に一軍投手コーチに再任して（二〇〇七年から二〇一〇年まで一軍投手コーチを歴任）、二〇一五年から一軍ベンチコーチを務める。

厚澤が大谷を初めて見たのは、まだスコアラー時代だった二〇一三年一月。新人合同練習に参加する姿を遠目から見たのが初めてだった。

「正直に言うと、素材だけでやってきたんだろうなという印象でした。だから逆に、相当なポテンシャルなんだろうなとは思いました」

厚澤は、国士館大学を経てドラフト2位指名で日本ハムへ入団したピッチャーだった。現役引退後はコーチ経験を積んだ。その目から見て、大谷の投げる技術には課題がまだまだあるように思えた。「今もたくさんあります」。そう言いながら厚澤はこんな指摘をする。

「ピッチングのフォーム的には、体重移動が他のピッチャーよりも上手ではないですね。たとえば小学校のとき、自転車に乗るのが上手な子っていたじゃないですか。手放しで乗れたり、ウィリー乗りができたり。そういう子たちと違って、最近になって自転車に乗れました。まだ手を放すなんてもってのほか。しっかりとハンドルを持ってすぐにブレーキをかけたがる。そんな子もいますが、体重移動に関しては、翔平はまだそっち側だと思うんです」

現状の大谷は、走者の有無に関係なくセットポジションで投げる。両腕を上げた状態から投球動作に入るワインドアップ投法は、セットポジションよりも投球工程が増えるために体重移動が難しいとされている。制球も安定しない場合が多い。

「ワインドアップって、一回、正面を向く動作があるじゃないですか。正面スタートで横を向いて、そこからの体重移動になるので腰の向きがいろいろと変わります。体重移動がちゃんとできているピッチャーは何をやっても大丈夫なんですけど、翔平の場合はまだ、その感覚を摑《つか》んでいない。そこが、ピッチャーとしてまだまだという部分だと思います」

大谷自身も、わかっている。

「今でもワインドアップで投げたいという思いはあるんですけど、これだけ身長もあって、なかなかこう……。僕は、ピッチングに関してはセンスがないと思っているんです。ワインドアップで進行方向を決めて体重移動をしていく技術に関しては、僕は持っていない。

持っていないというか、まだ現時点ではワインドアップで投げるのは早いと思っています。だから比較的、進行方向を決めやすい、体重移動もしやすいセットポジションをやっていこうかなあと思っています」

「ただ……」。厚澤はそう言って、再び自転車の話を語り始めた。

「単純に自転車で直線の100メートルを走らせたら、上手く乗れる子たちよりも速く走れる子っていると思います。それが大谷翔平です」

つまりは体に秘めた、備え持ったエンジンの大きさが、他のピッチャーとは明らかに違うのだ。言い方を換えれば、スケールが違う。ポテンシャルの幅が圧倒的に広い。

「たとえば大谷とダルビッシュ（有）を比較すると、その部分は似ていますね。二人とも、僕は投手コーチという立場で携われて、二人には失礼ですけど両者を比べることができますし、スコアラーもやっていたので他球団のピッチャーと比べることもできます。そのなかで、二人のポテンシャルはケタ違いですね。あとは、西武の菊池雄星投手。三人のポテンシャルは規格外だと思います」

また、大谷が持つピッチャーとしての指先の感覚について、曲がり幅や落ち幅が大きい、いわゆる「キレ」のある変化球を例に挙げながら厚澤はこう話す。

「そこは変化球を投げる技術が関連すると思うんですが、彼のスライダーやフォークボールはすごい。器用ではないですけど、指先の感覚は劣っていないと思います。ただ、他のピッチャーに比べて球が速いじゃないですか。翔平は、たとえば100キロのスピードが出る車を運転しているわけではないんです。200キロが出るスーパーカーに乗っているような感じなんです。そのスーパーカーに乗っている人に細い道を走れと言っても、それは難しいですよね。ダルビッシュは、路地裏の狭い道をスーパーカーで走れる投球術を持っていました。でも、翔平はまだ、広い高速道路をスーパーカーで走っているようなもの。現状では、それしかできないとも言えます」

ピッチングにおける大きな肝とも言える体重移動の不完全さが、厚澤にそう言わせるのだ。だから、厚澤は明言する。日本での大谷はまだ、彼が持つ能力の「50％しか出し切っていない」と。

「ピッチャーとしてやらなければいけないことは、翔平にはまだたくさんあります。もちろん、普通の投手レベルでは足りている部分はたくさんありますよ。ピッチャーとしての賞も獲っていますし。でも、翔平のレベルからすると、まだ半分ぐらいしか能力を出していないと僕は思っています。たとえば、ダルビッシュがアメリカへ行くとき、彼は90％以上のポテンシャルを自分のなかで摑んで向こうへ行ったと思うんです。それに比べると、投げるほうの翔平はまだまだ。本当に50％ぐらいじゃないですかね。彼が今できることは、大袈裟《おおげさ》に言えば『この一球に思いを込めて速いボールを投げる』ということだけだと思います。だからなおさら、末恐ろしいとは思うんですけど。

これから先、大谷翔平の50％が60％に、そして70％と、どんどん上がる保証はどこにもありません。もしかしたら、50％のままでアメリカでも活躍するかもしれません。でも僕は、50％から上がる要素がアメリカにはあると思っています。向こうで鼻をへし折られるようなことや、ピッチャーとして何が足りないのかということに直面して、彼はまた、さらに上にいくと思っています。そういう経験をして成長してほしいと思いますし、その苦しい経験をクリアできるだけものを彼は持っていると思っています」

大谷は、どこかで「変われる自分」に期待している。

「高校のときは、僕はバッターのほうに自信がありました。でも逆に、周りはピッチャーとしての評価のほうが高くて……。何でピッチャーの評価が高いんだろう？　と思っていたぐらいでした。でも、将来的に考えるなら、ピッチャーのほうが伸びていける幅としては広いんだろうなというのを自分でも理解していました。だから、そういう意味での周りの評価なんだろうとも思っていました。そのバランスは、今でもそんなに変わっていないですね。ピッチャーとしての完成度のほうが、バッターに比べたら劣るという感じが自分のなかにはある。だから、もっとできること、やれること、やっていけることが、ピッチャーのほうが多いんじゃないかと思っています」

まだまだ伸びしろは残されている。成長できる要素がいくつも待っている。彼の発する言葉一つ一つに、そんな思いが伝わってくるのだ。

勝つピッチャーも追い求める。

「基本的には自分の持っているものを出していけば勝てると信じています。自分が持っているもの、やってきたことを試合で出せれば負けないと思っています。僕はそういう考えのもとでやっています。僕は、相手チームのバッターのデータはあまり見ないようにしています。各バッターのデータというのは、自分が投げている球に対しての反応だけではありませんよね。各球団、各投手の球に対する打撃傾向なだけなので、それが必ずしも自分に当てはまるというわけではないと思っています。だから、基本的には自分が『今日やりたいこと』を優先してゲームに挑んでいます」

三振にもこだわる。

「やっぱり三振をいっぱい取った試合は嬉《うれ》しいですから」

そして、最速165キロのスピードボールにも将来的なビジョンを描くのだ。

「高校ぐらいまでは『どのぐらいのスピードを投げたい』というのはあったんですけど、今は勝手に球速が上がってきている感覚です。以前までとは違って、『球速』の捉え方が変わってきています。たとえば、高校のときは何キロのボールを投げるために、こういうトレーニングをしようという考え方。でも今は、こういうトレーニングをやっていけば、こういうボールが投げられるという考え方。優先事項が多少は違う感じになっていますね。

だから、やるべきことをしっかりとやって、それを継続していければ、球速もついてくると思っています。そのなかで、180キロでも190キロでも投げられるに越したことはないので、そんなボールを投げてみたいとは思いますよ」

打率10割で100%の納得

二刀流を継続する大谷は、もちろんバッターとしての進化も求める。

「バッティングも『完成』がまだ見えていませんからね。現時点で自分のバッティングがどれぐらいのパーセンテージまで来ているのかがわからないし、何を持って100%と思えるのかもわからない。ただ、バッターは3割を打ってすごいと言われますけど、やっぱり一度のミスもなく打率10割のときに100%と思えるんじゃないですかね」

目的や目標に近づき辿《たど》り着けば、また新たな指針が生まれて、そこに向かって進む。ただひたすらに、貪欲に、100%のバッティングを探す。バッターなら誰もが抱《いだ》く理想像を、「打者・大谷翔平」もまた求めるのだ。今は「単純に余分な動きを省いた」というバッティングフォームで打席に立つ。

「それもまだまだベストな形ではないので、徐々に変えていかないといけないと思っています」

その進化していくフォームで、追い求めるバッティングに近づこうとしている。

「何も考えずに来た球をホームランにすることが理想ですが、今の技術ではなかなかそれができないので、配球の読みが出てきたり、憶測で山を張って打ったりする。相当に調子がいいときは、ある程度は自分の形を優先していくなかで結果が出ることはありますが、相手も実力のあるピッチャーで抑えにきていますので、なかなかそれだけでは通用しないときがある。自分の実力と比べたときに山を張っていったほうが（ヒットないしはホームランの）確率が高くなっていくことがあるので、そういうときは配球を読みますね。

あと、僕は必ずしもフルスイングじゃなくてもいいと思っています。たとえば、100（％）の力ですごいホームランを打てるのは魅力的です。それができること自体は良いことだと思います。でも、広角に打てるなら広角に打つ。上手いバッティングができるなら、上手いバッティングをすることに越したことはないと思っているので、僕は全部の要素を持っているバッターを目指したい。そういう選手は、見ていてワクワクするんじゃないかと思うんです。そのなかで、あくまでも理想は何も考えずに来た球をホームランにする。それが究極というか、一番良いバッターだと思います」

たとえバッティングの状態が悪かったとしても、練習で積み上げて体に染み込ませたスイング軌道で、向かって来るボールを確実に仕留める。打席では多くを考えない。むしろ、「無」の境地でピッチャーと対峙したい。常に持ち続ける濃密な意識すら消えている瞬間がそこにはある。準備はできている。あとは、打つだけだ。

無意識のなかにある高度なバッティング。

その理想とする姿と自分を、大谷は重ね合わせるのだ。

背番号17への思い

真っ赤なキャンパスのような広い背中には「OHTANI」の文字が刻まれていた。そこには、白フチが付けられた「17」の番号も浮かんでいた。

二〇一七年十二月九日（日本時間十日）、ロサンゼルス・エンゼルス・オブ・アナハイムへの移籍が決まったときのことである。

新天地で背負う番号は、球団の空き番号のなかから決めた。日本ハム時代に背負った「11」は、エンゼルスでは永久欠番だった。往年の名プレイヤーにして、現役引退後は監督としてエンゼルスを球団史上初の地区優勝に導いたジェームズ・ルイス・フレゴシ（故人）に敬意を表して一九九八年に欠番となっていた。

「空いていたら『11』でもよかったんですけど、新たな気持ちというか。『11』は一応、一つの区切りとして自分のなかでは終わったのかなあ、と。僕、奇数が結構好きなんです。だから『17』でよかったですけどね」

大谷はそう言って悪戯《いたずら》っぽく笑うのだ。

背番号17は、花巻東高校時代に付けた番号でもある。すみれ色とグレーを基調としたユニフォームに浮かぶ「17」は、花巻東高校にとっては大きな意味合いを持つ。実力の証であり、将来への期待と希望の表れ。次世代のエース候補である下級生が付ける番号だ。大谷は高校一年時に17番を背負った。当時の番号を再び、しかも海をわたったメジャーリーグで付けることになり、エンゼルスでの背番号はちょっとした話題となった。

「特に深い意味はなかったんですよ。みなさん、深読みがすごくて」

大谷はそう言って笑うのだが、花巻東高校の佐々木監督にとっては感慨深いものがあった。

「本人は全然意識していないと思いますし、結果論でついてきた高校時代の話だと思うんですけど、ただやっぱりね……私にとっての17番は、すごく好きな番号ですし、大事にしている番号ですから。だから、17番に決まったときは嬉しかったですね」

背番号17が、星条旗の揺れるグラウンドに立つ。その姿を想像するだけでも鼓動はまるで急ぎ足になるようだ。そこに大谷が挑む二刀流があると思うと、なおさら気持ちは昂《たかぶ》る。

エンゼルスの入団会見から遡《さかのぼ》ること約一カ月前。二〇一七年シーズンを終えたばかりの大谷は右足首の三角骨骨《さんかくこつこつ》棘《きょく》除去手術に踏み切った。シーズン前のスプリングキャンプに万全の状態で臨むためだ。その手術は、あくまでも保存療法で患部の痛みを軽減し、再発の不安をなくすための治療だった。

足の具合は？

「大丈夫です。普通に歩くぐらいは大丈夫ですね。多少は違和感がありますけど、結構、順調に来ていると思います」

術後から約三週間が経ち、大谷はいつもと変わらない声のトーンで返した。東京都内の病院で行なわれた手術は時間にして二時間弱だった。

メスを入れたことへの思いは？

「いやあ……実は結構、楽しみにしていたんです。全身麻酔をしたことがなかったので」

術後の目覚めも「結構、良かったですね」と、表情はいたって明るい。

リハビリが続いた入院中は、ベッドの上からテレビ画面に目を移すこともあった。視線の先には、メジャーリーグの最高峰であるワールド・シリーズの映像が流れていた。

「野球をやっている人にとっては、そこ（メジャー）がてっぺんだと思っています。まだ今は、（メジャーでプレイする姿を）想像するのは早いんじゃないかと思いますけど、夢みたいなものはあります」

大谷の言葉が、晩秋の空気に溶け込んだ。

大谷翔平の哲学

彼にとっての「てっぺん」とは何か。

「野球は、そこが難しい競技だと思っています。たとえば柔道だったら、オリンピックでそれぞれの階級で金メダルを獲れば、その競技のトップに立ったと言えるかもしれませんが、野球に関しては、それが年俸なのか何なのか、難しいところはあると思います。野球はチームスポーツでもあるので、測るものがないというか。ただ、周りから『彼が一番、今まででで良い選手だった』という声が聞こえてくる日がいつか来るんだったら、そのときが『あっ、ここ（てっぺん）まで来たんだな』と思える瞬間だと思います」

比較できるものではないし、決して比べるべきものでもないと知りながら、大谷に訊《き》いてみた。高校時代と日本のプロを経た今では、見えているメジャーリーグの風景は違うのか、と。大谷は、わずかに感情を抑えてこう語り始めた。

「何かをやってプラスになること、逆にマイナスになること。成功してプラスになること、マイナスになること。あるいは、失敗してプラスになること、マイナスになること。そこ（メジャーリーグ）には、自分の『やりたい』という要素以外に出てくるいろんな要素があって、それらを全部背負って挑戦しなければいけないと思っています。そこは高校時代とまったく違いますね」

投打両方で挑む二刀流での挑戦だ。高校時代とは明らかに状況は違う。今は、アメリカでも二刀流を成功させるための道を歩み出そうとしている。

「その道は、今はまだ見えているようで見えていないと思いますね。教わる先輩もいないですし、自分で一個一個やるべきことを見つけて作っていかなければいけないものだと思います。そういう意味では今後、同じような選手が出てきたときに『僕はこうやってきた』というものを示すことができると思う。そう考えても、向こうで（二刀流を）やる意味はあると思っています」

そこまでの信念や、覚悟にも似た強い意志を持つ大谷の言葉に触れると、彼の思考の原点を、思わず覗《のぞ》いてみたくなるのだ。漠然とした言い回しだったと後になって後悔するのだが、あえて大谷に訊いた。

大谷翔平の哲学とは？

「ないですよ。まったくないです、それは。そんなに長く生きてないですよ。これから……一個、見つかるかどうかぐらいの大きなことだと思うので、哲学というのは。今は全然ないですね。そこまでの経験がないですから」

彼は、少しばかり上体をのけ反らせて笑うばかりだ。

何年後かにもう一度、哲学について訊いてもいい？

「そのときも、ないと思います。僕は、自由に生きたいので」

大谷はそう言って、また悪戯っぽく笑った。

ただ、こと野球の話に再び引き戻すと彼は饒舌《じょうぜつ》になる。スーッと笑いはどこかへ消え、大谷は野球人としての未来像を話し始めるのだ。

「たとえば、五十代の体のキツさがどれぐらいのものかわかりませんし、今はこのままの状態でこれからもいけると思うのが普通の感覚だと思います。ただ、野球はできる限り長くやりたいし、できる限りの成績を残したいし、そのために毎日毎日、今のうちから基礎体力をつけて、なるべくそれが落ちないようにやっていきたい。現役選手なら誰でも普通にそう考えると思いますが、僕もそういう選手でありたいと思っています。

でもやっぱり一回しかない現役ですしね。五十代まではやりたいですね。そのときは、医療やトレーニングも今より発達していると思うので、決して不可能ではないと思っています。確実にこれからは現役の平均年齢が上がってくると思いますし。本当に真剣にやって、順序を正してやっていけば、五十代までの現役は不可能ではない。絶対にこれからそういう選手は出てくると思いますし、自分自身も目指していくものだと思っています」

大谷翔平の内なる魂

大谷は、変わらない。

選手としての進化を激しく追い求める一方で、その内なる魂や秘めた思いは高校時代から何も変わっていない。


メジャーのトップに行きたい。

長く野球を続けたい。

何か新しいことを、他人がしたことのないことをやりたい。


目指すべきものは、揺らぐことはないのだ。

投げて、打つ――プロ野球界では新たな発想となった二刀流の挑戦は、終わらない。

同じグラウンドで、同じ試合でプレイするピッチャーとバッターの〝二人の大谷翔平〟が、いつかアメリカの地でも見られるだろうか。大谷はそんな日に思いを馳せながら、世間からは「リアル二刀流」と言われるその実情をこう話す。

「投げていると『投げる方』に集中したくなるというか、それは普通な感覚だと思うんですけど、でも、あまりピッチングをしているからとか、バッティングをしているからとか意識をしたことはないですね。意識はしないですけど……ゲームのなかでピッチャーとして抑えていれば、バッターとして『打たなくてもいいや』と思っちゃうときは正直あるんです。ピッチャーとして抑えれば、勝つ。そんなふうに思うことがあります。たとえば2

対0で勝っている試合で打席が回ってきたとします。どんな状況でも基本は『絶対に打ってやろう』とは思うんですけど、バッターだけで出場していれば、2点よりも3点のほうがいいわけで、出塁して何とか得点に結びつけたいという思いが強くなる。それがバッターというものだと思うんですけど、ピッチャーもやっていたら『この2点をどう守り切って勝とうか』と考えてしまう。打席でも『打ってやろう』とは思うんですけど、3点目を取る意欲に関しては、バッターだけで出場しているときの方が、たぶん「3点目を取りたい」という気持ちが強いんだと思います。もちろん、投打両方で出場しているときでも、3点目は取りたいし、その得点はピッチャーである自分のためにもなるので、そんなに心境は変わらないんですけど……。

あと、自分のバッティングで点を取ったときは、結構、ピッチャーとして抑えられるような気がします。抑えられるような気がするというか、味方の野手に取ってもらった点は『絶対に守り切らないといけない』という感じがあるんです。たとえば自分でホームランを打ったり、ランナー一塁から長打で1点を取ったときは、ピッチングで1点を失っても『自分で取った1点を自分が取られた』と思うことがあります。もちろんチームには迷惑をかけてしまうんですけど、ピッチャーだけで出場しているときに感じる『誰かの勝利打点を消してしまった』ということがないんです。だから、両方で出場していたほうが楽ですよね、自分のバッティングで点を取ることもできるので。その感覚は、小さい頃からピッチャーをやって、打って来ている人ならわかると思うんですけどね」

「正解を探しに行く」

ピッチャーとして抑え、バッターとして打つ。そして、勝利を摑む。その瞬間が「楽しい」とも大谷は言う。

「たとえば、自転車に初めて乗れたときと一緒だと思います。初めて自転車に乗れた。自分で自転車を運転できるようになった。あるいは、算数で出来なかった問題を解けるようになった。そんな瞬間と何も変わらない。それがたまたま、僕の場合は野球にその楽しさがあった。それは今でも変わらないですね」

そして、大谷はこう言葉を付け加えるのだ。

「野球に関しては、それがとてつもなく楽しかったので、今まで続いているんでしょうね。算数が好きで得意だったら、数学者になればいいんです。僕の場合は、たまたま野球だったんです」

まるで暗いトンネルを抜けた瞬間に飛び込んでくる光のように。目の前に広がっていた霧が風とともに一瞬にして消えた、あの瞬間のように。立ちふさがっていた重い扉を、自分の手で押し開いた瞬間。そこには、新しい道が切り開かれている。それを目にしたとき、人は何とも言えない気持ちの昂《たかぶ》りとともに、喜びや楽しさを感じる。

その「楽しい」という感覚を、大谷は野球というスポーツを通し、さらに二刀流という世界で味わっているのだ。

この先も、その「楽しさ」を求め、答えなき道を進み続ける。

「正解はないと思うんですけど、人は正解を探しに行くんですよね。正解が欲しいのは、みんなも同じで。『これさえやっておけばいい』というのがあれば楽なんでしょうけど、たぶんそれは『ない』と思うので。正解を探しに行きながら、ピッチングも、バッティングもしていたら楽しいことがいっぱいありますからね。そこは両方をやっていてプラスですよね。ピッチャーだけをしていたら、ピッチングでしか経験できない発見があるわけですけど、ピッチングをやってバッティングをしていれば、楽しい瞬間はいっぱいあるんです。そういう瞬間が訪れるたびに、僕は投打両方をやっていて『よかったなあ』と思うんじゃないですか」

投げて、打つ。その二つに挑む野球にこそ、大谷は「楽しさ」を覚える。そして、彼は何よりも野球が好きだ。

それが、大谷翔平――海をわたる23歳の素顔だと思うのだ。

ブックデザイン　坂川事務所
写真　近藤 篤
題字　沼山尚恵

佐々木 亨（ささき とおる）

1974年岩手県生まれ。スポーツライター。雑誌編集者を経て独立。著書に『あきらめない街、石巻 その力に俺たちはなる』（ベースボール・マガジン社）、共著に『横浜vs.PL学園 松坂大輔と戦った男たちは今』（朝日文庫）、『甲子園 歴史を変えた9試合』（小学館）、『甲子園 激闘の記憶』（ベースボール・マガジン社）、『王者の魂』（日刊スポーツ出版社）などがある。主に野球をフィールドに活動するなかで、大谷翔平選手の取材を花巻東高校時代の15歳から続ける。

道ひらく、海わたる　大谷翔平の素顔

発行日　2018年3月16日　初版第1刷発行
　　　　2018年4月30日　　　第3刷発行

著者　佐々木 亨
発行者　久保田榮一
発行所　株式会社 扶桑社
〒105-8070
東京都港区芝浦1-1-1　浜松町ビルディング
電話　03-6368-8870(編集)
　　　03-6368-8891(郵便室)
www.fusosha.co.jp
DTP制作　株式会社 Office SASAI
印刷・製本　図書印刷株式会社

Printed in Japan　ISBN 978-4-594-07901-7